60代大人暮らしの衣食住

無理をせず、心地よく
パッチワークのように日々を紡ぐ

小暮涼子

introduction

はじめに

はじめまして、小暮涼子と申します。子どもたち3人はそれぞれ家庭を持ち、リタイアした夫とふたり暮らしの64歳です。2016年に始めたインスタグラムがご縁で、雑誌「ナチュリラ」の取材のお話をいただき、続いてWebマガジン「暮らしとおしゃれの編集室」でコラムの連載を……という展開になりました。至って普通の主婦である私には、本当に驚きでしたが、編集部からのオファーは「今まで通り、普段の暮らしを写真と文章に」とのことでしたので、季節ごとに日常の徒然とした何かをお伝えできたらと月一でコラムを執筆させていただいています。特別なことでなくても、ふといいなと思

ったことや私の感じた美しいものなど自分の言葉でつづっています。

この本では、1年半前から始まった連載の12か月分を加筆修正してまとめ、さらに身のまわりや日常の些細な出来事も新規で加えました。ここでご紹介するのは、誰かの憧れとなるようなキラキラした素敵な毎日ではありませんが、ちょっとした工夫や小さな楽しみを日々の暮らしの中に見つけることで、毎日を心地よく気分よく過ごすための私なりの備忘録です。無理をしすぎず、でも自分自身が〝ちょっといいかも〟と思えるそんな毎日。みなさまにとっても何かヒントになるものがあれば、こんなに嬉しいことはありません。

もくじ

一年の抱負と年間おしゃれ予算

主婦にとって忙しい年末年始が終わり、松の内を過ぎると淡々とした日常が戻ってきます。慌ただしいのが苦手な私は、ちょっとホッとする時期でもあります。みなさんはどのようなお正月を過ごされていますか？

変わらない味と変わった習慣

1月11日は鏡開き。お汁粉は大好きで、その冬一番の寒さの日や初雪の日にはコトコト小豆を煮ます。昔は、学校から帰ってきた子どもに「お汁粉あるよ〜」と言うと喜んでくれるのが嬉しかったものです。お汁粉の箸休めには小さく刻んだ大根のぬか漬けと、梅干しと一緒に漬けた赤紫蘇を。

子どもたちが巣立つ前は夏の終わりにぬかみそをフリーザーバッグに入れて冷蔵庫で保管していましたが、夫婦ふたりになった今は、小さな容器で一年中ちょこっとずつ野菜を漬けて楽しんでいます（夫は漬物が苦手なので1人分に丁度いいのです）。

新年の抱負・階段から2階のリノベを進めます！

ＤＩＹが好きな私は、自宅を少しずつ自分でリノベーションしています。今年最初に手をかけるのは、階段部分。1階の部屋に貼った残りの壁紙をどこに使おうかと迷いに迷い……階段に貼ることにしました。まず下準備として、凹みをパテで埋めます。

使う壁紙は「ウィリアム・モリス」のもの。道具一式も壁紙を買った東京・恵比寿の「WALPA（ワルパ）」で揃えました。レクチャーを受けたときのメモは大事なお守りです。

板を張る・漆喰を塗るというＤＩＹも好きです。1階の壁には、所々に板を張った箇所があるのですが、実は東日本大震災で亀裂が入った壁紙の応急処置の跡なんです。2年前、その間の部分に漆喰を塗ってみました。

1
3 | 2

1 壁紙DIYセットは、木製ツールで見た目も素敵。 2 食べ切れる量だけ漬けられるのが自家製ぬか漬けのいいところ。 3 ダイニングに張った板は、大好きなボロボロ加減！ この良さ、わかる人にはわかるかも？（笑） 4 おしゃれ予算を立てるため、手持ちの靴を確認。いずれもレザーで黒か茶。形もスタンダードなので、あまり冒険をしないタイプだと改めて気づきました。 5 よく着ているチュニック。家ではインナーを着てワンピースとして、お出かけにはパンツをレイヤードします。 6 夏は山葡萄のかご、冬はパリで買った「JAMIN PIUECH（ジャマン ピュエッシュ）」のミニショルダーや10年以上愛用の「IL BISONTE（イル・ビゾンテ）」のトートを。バッグはしばらく新しく買う予定はありません。 7 コート代わりにもなるチュニックですが、もう少し厚手の春秋兼用のスプリングコートを探し中です。

4
6 5
7

一方、ダイニングではあえて庭で使ってボロボロになった板を張っています。崩れた木の間を漆喰で埋めたのが、一番のお気に入りポイントです。

私がなぜＤＩＹをするのかというと「ピカピカできれいすぎないのが好きだから」かもしれません。庭のパーテーションなどに使って味わいの出た板は、私にとって宝物。保管場所は寝室のベッドの下。たまに足が当たるからここにあるのを忘れなくていいんです（笑）。

年の始めに年間のおしゃれ予算を考えます

毎年ざっくりとですが、年初に年間おしゃれ予算を決めるようにしています。まず今年、欲しいと思っているのはスプリングコート。普段よく着ているチュニック＋パンツの組み合わせにはおりたいなと思って。そのチュニック、ウールのワンピースの上からコート代わりに着ることもあるのです。でも、もう少ししっかりしたスプリングコートが欲しくて、できればテーラードカラーで色は濃いベージュかグレー。ベルトで締めるタイプよりボタンで留めたりバサッとはおれたりするのがいいなぁ……完全に想像で書いてます。予算は2万～3万円台といったところでしょうか。

靴は3年前に買った「ダンスコ」がさっと履けて便利で、年間360日（！）は履いているから、違う色も買おうかなと考え中です。こちらも予算は2万円台。夏物の洋服は去年買ったワンピースがあるから今年の購入予定は潔くナシです。冬物は「出会ったら買うかも」の予備予算を2万～3万円ぐらい取っておきます。

ちょっと高くても気分よく着た回数で割ってみれば……？

こうして書き出してみると、今年のおしゃれ予算はトータル8万円ぐらいですね。とはいえ、おしゃれは大好きなので、少々予算オーバーでもものすごく気に入ったものは「エイッ」と買って長く着ることにしています。気分よく着た回数で割ったら、そんなに高くないのではと思うのです（笑）。冬本番の1月もおしゃれで気分を上げれば、寒くても乗り切れる気がする私です。

大好きな道具と雑貨を熱く語ります

家で過ごす毎日に、そうそう素敵なことは起こりませんが、お気に入りの道具や雑貨があれば家事も少し楽しくなりますよね。ずっと欲しくてやっと手に入れたものや、いつの間にか長く使い続けているものなど、我が家の暮らしの道具と雑貨のいくつかをご紹介したいと思います。

キッチンクロスは麻で統一

台所のクロスはすべて麻で揃えています。お皿拭き用にしているのは、7年ほど前に生地を買って30×40㎝のサイズで縫ったもの。4枚あって今も現役で使用しており、使い込むうちに、いい色合いになってきました。一般的な大きさのキッチンクロスももちろん愛用しています。娘のリトアニア土産の花柄や生地を買って縫ったものなどです。麻は丈夫で乾きも早いので、全部で8枚ほどのローテーションで十分事足りています。

なんてことのない真っ赤な桶を約40年も使用しています。買った当初は洗濯物を濯《すす》いだり（2層式洗濯機でした）、子どもが赤ちゃんのときには、お風呂で私が体を洗う間にお湯を張って座らせておくなど（今で言うワンオペ育児ですね）行水にも使いましたが、今でも洗濯かごとして現役です。

まさに機能美！　なアナログ掃除道具

はたきや箒といったアナログな掃除道具も大好きです。羽はたきは2代目で、今使っているのはレデッカー社のもの。十数年愛用している棕梠《しゅろ》の箒は、庭の箒がボロボロになったと言っていたら、長男が誕生日にプレゼントしてくれたのですが「庭掃除には勿体ないよ」と、家で使うことに。箒に合わせて塵取りもハリミにしたら静電気が起きなくて使いやすいことこの上なしです。

庭の箒は最初に買ったのが青山の「F.O.B COOP（フォブコープ）」で、現在の2代目も同じものを使っています。後から知りましたが、これもレデッカー社製でした。庭で使う道具もデザインが好きなものを揃えています。

1
3 | 2

1 キッチンクロスいろいろ。娘の海外土産ほか、手製のブルーと紫陽花柄。無地のベージュは洋服をリメイクしました。 2 洗濯かごは、青・黄色・赤の中から選んだ記憶があります。暮らしの道具って、気づくと何十年も使い続けていたりしますよね。 3 はたきや箒もお気に入りを揃えれば、掃除が苦にならないタイプ（笑）。 4 織部など緑色の器に惹かれます。葉物がなくても、お料理に彩りを添えて美味しそうに見せてくれます。 5 コンロ脇の白い器はゴミ入れ。紙を敷いて野菜の皮等を捨てています。 6 ひと目で見渡せ、すぐ手に取れるようになったシンク下。 7 なんちゃってダーニングマッシュルームを使ってタイツをお繕い。黒いTシャツの端切れを当ててブランケットステッチでチクチク。靴下を重ね履きするので、これぞ見えないおしゃれ。 8 我が家のお裁縫道具一式。いつも何かしら繕い物があるんです。

4
6 5
8 7

ついつい欲しくなる器や木製テーブルウェア

少しずつ集まってきた茶色い器や木の道具。小さなスリップウェアはお菓子や漬物、何でも似合い、かつ丈夫なので毎日使っています。飴釉《あめゆう》の器が好きで、お店ではついつい目がいってしまいます。昔から好きだった織部など、濃い緑から淡いものまで、緑の器も多めです。葉物がなくてもお料理が彩りよく美味しそうに見える気がします。

京都の「ウェストサイド33」で買ったオーバル鍋は念願の品で、2人分の煮物に丁度いいサイズ。小さな土鍋は残り物を入れて冷蔵庫へ、食べるときはそのまま直火で温められるので重宝しています。フランス・ヴァンヴ蚤の市で400円ほどで買った片手鍋は、ホテルに帰って見たらイケア製で「エーッ！」（笑）。でも取手が長めのデザインが気に入っている思い出の品。愛用のフライパンは「成田パン」、鉄製なのに嬉しい軽さです。

一昨年、物を減らしてシンク下をスッキリと。中も白くペイントしました。大皿や琺瑯《ほうろう》バットは100均の木製お皿立てで収納。場所を取りがちな大きな鍋は、小さな鍋と重ねて置いています。鍋類はすべてここに収められたので使い勝手もよく、シンク下であってもなんだか好きな眺めなのです。

お気に入りはゆったりとディスプレイ

一方、古道具の棚にはお気に入りをゆったりと並べています。子どもたちからの贈り物の水差しや、私の父の思い出のカメラなども。眺めるだけで、心穏やかにしてくれる、私の宝物たちです。

お裁縫道具は、シェーカーボックスにレースや刺しゅう糸を収納。木製きのこはガーデニングのお店で半額（７００円）だったので買いましたが、その後ダーニングマッシュルームとして使える！　と気づき愛用中です。

雑貨好きの本性が現れ、つい熱く語ってしまいました。暖かくなったら雑貨屋さんめぐりでもしたいなぁなんて思う2月です。

春が来た！ いくつになってもおしゃれは楽しい

いくつになってもおしゃれは楽しい、それが60代（今年64歳になりました）の私の実感です。春に着たい組み合わせを私の身長（156㎝）にセッティングして撮ったものをご紹介します。

早くもおしゃれ予算オーバー!?

先日、美容室の帰りに「maison de soil（メゾンド ソイル）」で大変好みのブラウスに出会ってしまいました……これも運命ですよね。白のワイドパンツを合わせてさわやかに、使い始めて5年経っていい色艶になってきた山葡萄のバッグを携えてみます。うん、思った通りいい感じ。こんなふうにコーディネートを考えます。

気負わない普段着スタイルは？

たとえば、26ページ写真3のブルーの綿ニットにストライプのギャザースカート。足元は、膝痛が発症した50代初めに出会った「BIRKENSTOCK（ビルケンシュトック）」。普段着はこんなスタイルが多いです。ちなみに、膝の痛みは病院に行ったりしたものの、ストレッチ等を続けるうちに、いつの間にか治りました。

お出かけにはセットアップ風の着こなしも好き

27ページ写真6の紺のVネックニットに白いジャケット&スカートや、同色のベストとロングスカートを組み合わせた29ページの写真のように、お出かけにはセットアップ風の着こなしが多いです。春の初めのまだ肌寒い日には白いジャケットが大活躍です。

1 ／ 3 ｜ 2

1 美容室帰りに出会ったブラウス。こちらに予算を使ったのでスプリングコートは来年に持ち越しすることにしました。 2 「homspun（ホームスパン）」のブラウスは生まれたばかりの初孫に会いに行ったときに着た思い出の一枚。 3 さわやかなストライプスカート。着ると「春が来た！」と感じます。 4 チェック柄はスカートのリメイクでシルク混。他の3枚は麻素材で水色は娘のイタリア土産、右端のグレーは前にもご紹介した、パンツをポシャギ風にリメイクしたものです。 5 ピンクの「Lisette（リゼッタ）」の麻スカートは10年ほど前のもの。麻のショップコート(こちらも7～8年愛用)はいい感じに色落ちして、カジュアルな組み合わせにも好相性です。 6 素材違いをセットアップ風に。春先の寒暖差にも安心な組み合わせです。 7 ワンピース、スカート、ロングコートはすべてこのクロゼットに収まる量に減らしました。

切に使い切りたいと思っています。近ごろ流行のSDGs？　いえいえ、自分が好きなことをしているだけ。だっておしゃれが好きですから。春は旅に出たり、久しぶりの友達と会う機会も増えそうでワクワクしますね。お気に入りの服を着てのお出かけなら、なおさら心浮き立ちそうです。

column

60代の朝ごはん事情

我が家の"バナナパン"

前の晩の残り物で

シャキシャキ食感

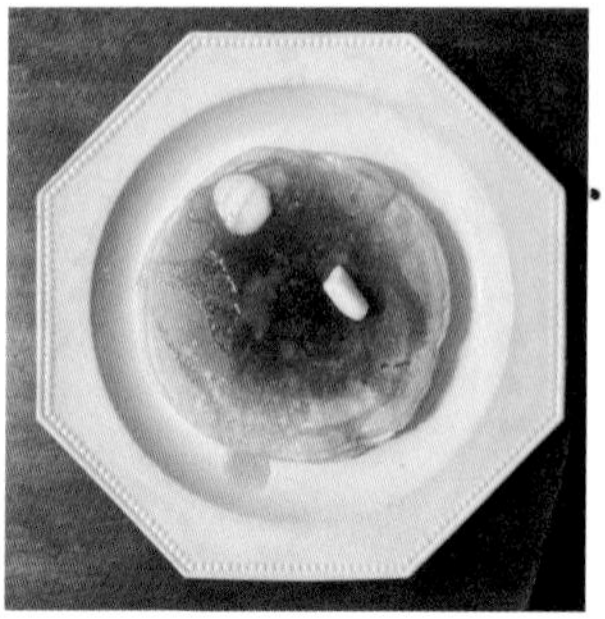

たまには甘〜い朝ごはん

作りおきの定番でサラダ

またまた夕べの残りです

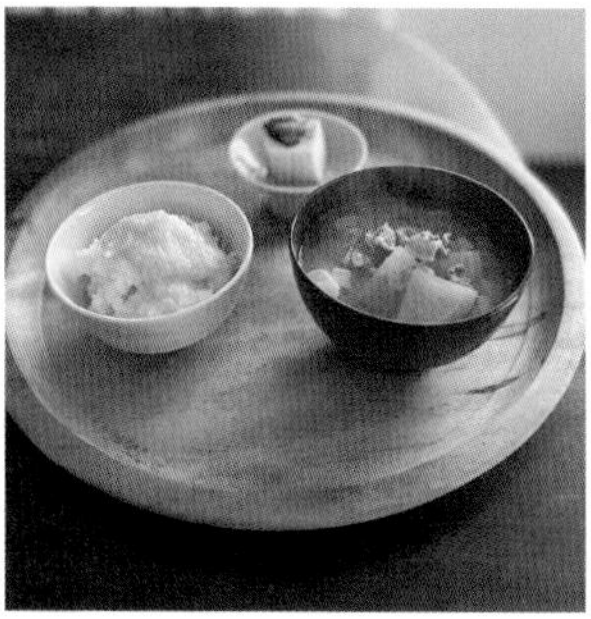

豚汁と、とろろごはんで栄養満点

半分なら、甘いのもしょっぱいのも

お出かけの朝は卵かけごはん

なんちゃってホットドッグ

コロッケさえあれば

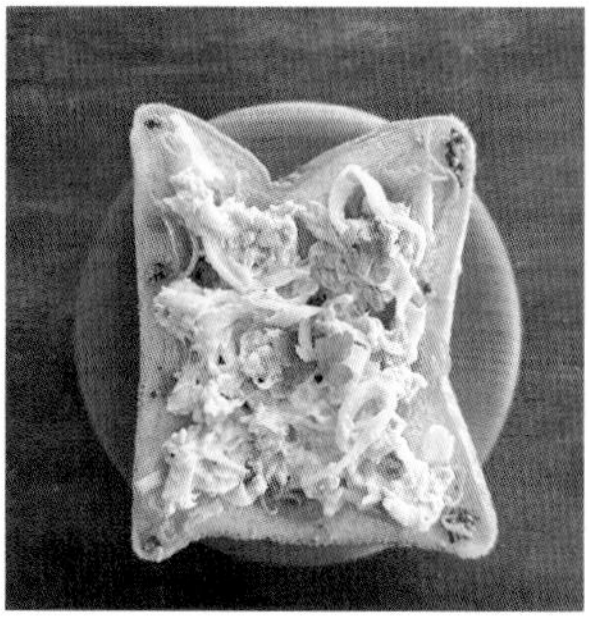

新玉ねぎ&ツナ、ふたたび

am 7:30 ~ 8:30 朝の風景の切り取り。

眺めてみるとちょっとの量で頑張りすぎてないのが我が家スタイル。

その昔、子どもたちの朝ごはんにバナナ1本を食パンで巻いたのを〝バナナパン〟と言って出していて「あれは、ひどかった！」と、今では笑い話になっています。でも、ひとこと言わせてもらえば、起きるのが遅いからいろいろあっても全部食べる時間もなかったのでは？　あれから30年……お母さんのバナナパンはオープンサンドとして華麗に変身しましたよ。食パンに切ったバナナを並べるだけ。ん？　華麗に変身とまでは言えないでしょうか。でも見た目はかわいいでしょ（笑）。

バナナパンとカフェオレ

新玉ねぎとツナをマヨネーズで和えたのも母直伝のレシピで、食パンにバターと粒マスタードを塗り、キュウリを並べた上にのせてオープンサンドにしました。普通の玉ねぎだと塩もみして水に晒しますが、新玉ねぎはそのままでも辛くないので、作るのも楽チンです。キュウリと新玉ねぎのシャキシャキとした歯ごたえがたまりません。野菜と動物性タンパク質が手軽にとれるのもいいところ。お皿はフランス土産の〝アスティエ〟で、普段使いでしたが2枚あった内の1枚を割ってしまい、登場回数がグッと減りました。

新玉ねぎとツナのマヨネーズ和え

サラダにコーヒーとトーストの朝ごはん。喫茶店のモーニングのようなメニューです。熱々のトーストを食べたかったので先にサラダだけ撮りました（笑）。湯煎で作った鶏ハム（鍋にお湯を沸かし、火を止めビニール袋に入れた鶏むね肉を沈め5～6時間おきます）が、しっとり柔らかくて大好きです。人参ラペは野菜のお値段が高い時期のお助けメニュー、多めに作っておくと箸休めにもなり便利です。人参を買ってきたら、新鮮なうちに2～3本使って調理するようにしています。

鶏ハムと人参ラペのサラダ

茄子とシメジ、豚バラ肉のつけ麺は実家の母に教えてもらったレシピです。夕食ではつけ麺として食べ、翌朝は残った麺をつけ汁に入れて温めてからいただきます。ふんわり柔らかくお出汁を吸ったうどんが朝のお腹にちょうどいいやさしさで、昨晩のつけ麺とはまた違った美味しさです。食欲のない朝でもするするといただけ、60代の朝ごはんにはぴったりの一品です。お箸は美容室の帰りにいつも寄る、東京・恵比寿の「Farmer's Table（ファーマーズテーブル）」で買いました。

茄子と豚肉のおうどん

前日、お好み焼きの〆にホットプレートで焼いたホットケーキを、朝ごはん用に取っておきました。アルミホイルに包んでおくと、パサパサにならずに済みますよ。トースターで軽く温め直します。せっかくなのでアンティークのオクトゴナル（八角形）のお皿で、カフェ風に!?　このお皿は還暦祝いのプレゼントなのですが200年も前のものだそうで、洗ったりしまったりするときには少し緊張します。たっぷりのバターとメイプルシロップで、いただきま～す！　たまにはこんな朝食もよしとしています。

ホットプレートパンケーキ

昨晩のメニューを朝ごはんにフル活用している我が家。ちらし寿司の具も実は残り物の煮物なんですよ。錦糸卵やかきたま汁も、朝ごはん用に少し取っておきました。写真奥に見えるつけ合わせは大根の細切りとさつま揚げのサラダ、竹輪やかまぼこなどの練り物は意外とサラダに入れると美味しいですよ。ドレッシングは梅酢で作った自家製です。この副菜は切るだけ、（ドレッシングを）かけるだけ、の手間なし調理です。簡単ですが野菜とタンパク質を少しずつでバランスは取れてますよね？

ちらし寿司とかきたま汁

またまたお夕飯の残り物ですが、大根、人参、里芋……季節の根菜たっぷりの豚汁と、小鉢のお豆腐には土筆（散歩で摘んできました！）の煮物をのせてみましたよ。ごはんにかけたとろろは、夫のおばあちゃんに教えてもらった方法で人参の茹で汁を使った出汁でのばしてあります。後味にほんのりとした人参の甘みが残り、やっぱり手間暇をかけた味は違うなと思います。滋味深い、ちょっと丁寧な朝ごはんとなりました。夫も「おばあちゃんのとろろと同じ味だ」と喜んでいました。

とろろごはんに豚汁、冷奴

パートの仕事をしている頃、出勤の朝は卵かけごはんが定番でした。今でもお出かけの日はこれ。ごはんが熱々の内が美味しいから、あっという間に食べ終わるのに、しっかりお腹にたまるから昼食が少しくらい遅くなっても大丈夫。身支度に何かと時間がかかる私の究極の時短メニューとも言えます（笑）。いつものごはん茶碗より少し大きめのお茶碗によそってどんぶり気分でいただきます。ぬか漬けのキュウリと人参は、お気に入りの豆皿にのせました。ちょっとお漬物があると幸せ！

卵かけごはんとぬか漬け

ホットサンドも我が家では登場回数の多いメニューで、コロッケサンドは特に好きです。「バウルー」のホットサンドメーカーは実家から譲り受けた50年選手！　最近はキャンプに行く方などにも人気だそうですね。定番のハムとチーズなど、いろいろ挟んで楽しんでいますが、この日はシンプルに刻みキャベツとソースたっぷりのコロッケで。簡単だけれど、何となくフランスアンティークの香りがするお皿を使えば、朝から気分が上がります。たまにはジャンクな朝ごはん。

コロッケのホットサンド

実はジャムが残り少なかったため、苦肉の策でウインナーのスライスをレンジでチンしてバタートーストにのせたのですが、甘いのとしょっぱいのでなかなか楽しい朝ごはんになりました。これを機に、ピザトーストとジャムトーストといったハーフ&ハーフメニューが続々と増えていて、ちょっとしたマイブームに。ぽってりした木の器は、東京・代々木八幡の「黄魚（きお）」でひと目で気に入った後藤睦さん作のもの。いつものカフェオレと一緒にいただく簡単バージョンの朝食です。

イチゴジャム＋ウインナートースト

のんびりとした朝ごはんが毎日の楽しみで、こんなふうにちまちまと食卓に並べるのも大好きです。バターロールにホットドッグ風に好きなものを挟んで食べるのは、サンドイッチほど手間がかからなくていいですね。茹で卵をマヨネーズで和えたのを具にしたり、懐かしい焼きそばパンにしたりも美味しそう！　難しそうで挑戦したことのないフルーツサンドもバターロールでなら作れそうな気がしてきました。添えたのはイチゴ、豆皿のものはキュウリとトマト（ホットドッグの残り）のミニサラダです。

バターロールでミニホットドッグ

新玉ねぎ&ツナの最強コンビに、少し色が寂しかったので、これまた定番の人参ラペを組み合わせて。ほんのり甘い人参ラペと新玉ねぎの風味が合って、とても美味しいオープンサンドになりました。料理は掛け算、特別なことにトライしなくても、日々新しい発見はありますね。ツナと新玉ねぎのマヨネーズ和えも人参ラペも、瓶の中で調理（混ぜるだけですが・笑）して、そのまま蓋をして冷蔵庫に入れると、におい漏れもほとんどなく扉を開けたときの見た目も綺麗でお勧めです。

ツナと野菜のオープンサンド

料理好きでなくても楽しめる、器×日々のごはん

episode 4 April

何でもないお料理が、器ひとつで素敵に見えた経験はありませんか？　長男夫婦に初めて連れて行ってもらった栃木県の益子陶器市で買った器が、私にとってまさしくそうでした。ここでは大いに器に助けられている我が家の食卓をご紹介します。

器の楽しさを知った思い出の品

私に器の楽しさを教えてくれたのは、34ページの写真で青菜を盛った吉澤寛郎さんのお皿。益子の陶器市で手に入れたものです。同じ色の小さなカップを、息子のお嫁さんが大事そうに両手で持ってレジに並んでいたのもかわいくて。そうした光景もよみがえる思い出の品です。春は、散歩で摘んできた菜の花にからし酢味噌をかけたものを盛りつけたりします。

和洋折衷も楽しみのひとつ

フランスのお皿にあえてお稲荷さんを盛りつけます。こういう使い方も楽しくて好きです。梅酢入りの甘酢でピンクに染めた酢レンコン、ブロッコリーの緑や卵の黄色も添えて、春を感じさせるプレートに。和食は和食器に、洋食は洋食器にと決め込まず、和洋折衷による思いがけないマッチングも器使いの楽しいところです。

フランス・ヴァンヴ蚤の市で300円ほどで購入した小ぶりなオーバル皿は、普通に家庭で使われていたような感じがいいなと思いました。古風なチューリップ柄なので、昔懐かしい卵サンドが似合う気がして、春に卵サンドといったら必ずこの器です。

ちょっとバスタブみたいなオーバル型の白い器もあります。深さがあるので、この時季は菜の花(こちらは飾る用・笑)をゆったりと生けることも。

スリップウェアは存在感抜群

大活躍のスリップウェアは存在感たっぷりのヴィジュアル。小判型のお皿には、茹でたグリーン

1
3 | 2

1 ひとつひとつは何てことない料理でも、アンティークのオクトゴナル皿のお陰で、ランチタイムがぐっと華やかに。 2 展示会中にたまたま追加入荷があったそうで、手に入れることができた安藤雅信さんの器。スッキリしているのにどこか温かさがあります。 3 山田洋次さんの大ぶりな器は、模様がバスケットみたいに見えて。かごにお弁当を詰める気分でワンプレートにしてみました。 4 民藝の器は、お料理を主役にする天才！ 一見、個性的でも毎日使っているとなじんできます。 5 片口にスッと花一輪。玄関に飾って和の雰囲気を楽しみました。 6 横顔が魅力的な白い器たち。 7 カルビクッパにスッカラで気分は韓国!? 「推し旅」に行ってみたいです(笑)。 8 鶏ハムに千切りキャベツで、おつまみ風に。 9 小ぶりなオーバル皿はサンドイッチのほか、お菓子やフルーツを盛り合わせても素敵です。

4
6 | 5
9 | 8 | 7

アスパラをのせただけでも美味しそう！　ピンク色の自家製梅酢入りドレッシングでいただきます。お皿、アスパラ、ドレッシング、それぞれが引き立て合う色合いで、テーブルの上から春を感じます。

同じお皿を夫のおつまみ用に使うこともあります。湯煎で作った鶏ハム（作り方はＳＮＳで見かけたもの）を盛りつけて。鶏ハムは簡単なのに、しっとりと美味しくてびっくり！　刻んだ長ねぎをたっぷり入れた中華風の甘辛タレとの相性も絶妙でした。

料理と器の組み合わせは、あれこれ試してみるのも楽しいものですが「カレーといえばこの器」というふうに、中には組み合わせが決まっているものもありませんか？　実家でも、同じような器でカレーを食べていたなぁと思い出す我が家のカレー皿。茄子、玉ねぎ、ピーマン、挽肉、缶詰のホールトマトを入れたさっぱり味の野菜カレーは、春から初夏にかけての季節にぴったりです。

焼肉の締めにはカルビクッパ風が定番。前の日作った野菜スープに、ごま油とラー油を足し、ごはんにかけて焼肉をのせるのです。

何げない家庭料理や残り物のアレンジも、お気に入りの器があればちょっといい気分で食べられる気がします。

とりわけ好きな片口の器

片口は、いろいろ使えて大好きです。同じおかずをそれぞれに盛るときは、夫が黒の焼き締め、私が白を使っています。ちょっと煮崩れたのが好きな金時豆や大豆と人参のピクルスなど、常備菜を盛りつけることが多いです。

一方、片口には花を生けても似合いますよね。庭のクリスマスローズは、花が下向きなので片口に添わせるように生けます。

それほど手をかけたメニューでなくても美味しそうに、野の花や庭の花でも可憐に見せてくれる器の力って有難いですよね。お料理好きな方も、そうでない方も（私は後者です・笑）、お気に入りの器を使って楽しいお家時間になりますように。

私のとある一日のタイムテーブル

7:00

起床

9:00

庭の水やり、洗濯物を干してからゆっくり朝ごはんを。42ページは朝のキッチンの様子です。シンク扉、壁、勝手口のドアはDIYでペンキ塗りをしたお気に入りの箇所。

13:30

午前中に掃除を終え(1階と2階を隔日が理想・笑)、前日の煮込みハンバーグでお昼ごはん。人参とキュウリはぬか漬けです。

この日は夫と一緒に食べましたが、いつもは朝と昼ごはんは各自で……です(笑)。お夕飯は私が作ります。

15:00

小さな庭のデッキを何とはなしに眺めるのが好きです。レースのカーテンを開けておきたくてフェンスをつけました。午後はテレビを見たり、本を読んだり、繕い物をして過ごします。

16:00

憧れだった「ウィリアム・モリス」の壁紙は、壁紙を買ったお店でレクチャーを受け、自分で貼りました。元の壁紙を剥がさずに、上から貼れると聞いたのがＤＩＹの決め手でした。散歩で摘んできた野の花をテーブルに飾って。

運動不足が気になると、この時間ぐらいに散歩に出かけます。ぐるりと空を見渡せる最高の散歩コース。

1
3 2

1 スイートピーを小さくしたようなスズメノエンドウ。どんな花も「ウィリアム・モリス」の壁紙と似合ってしまうから不思議です。 2 我が家の煮込みハンバーグは、ソースに玉ねぎと人参、たっぷりのキャベツが入っています（その昔、スポーツをする息子2人とバレエに夢中の娘のために考えたレシピで今もそのまま）。 3 散歩コースの空。振り返ると写真4の眺めです。 4 右側にちらりと写っているのは子どもたちが通った中学校。サッカー部だった兄2人はこの土手を朝夕、ランニングしていました。 5 夕飯のお皿を洗い中。早く夫にひとり立ちしてほしいものです（笑）。 6 インテリア写真を眺めたり、図書館で借りた本を読んだりする就寝前のひとときが好きでつい、夜更かし。 7 トマトソースの代わりにトマトの薄切りを並べたピザトーストと牛乳たっぷりのカフェオレ。一番登場回数の多い朝ごはんです。

4
6 | 5
7

19:30

お夕飯。退職したら夫も食事づくりをする約束でしたが、反故にされたので洗い物（私が洗い、夫が濯ぐ）をしてもらっています。

25:00

意外に思われるかもしれませんが遅い就寝、宵っ張りです。還暦を過ぎても夜更かしが大好き！　4年前に15年間続けたパート仕事を終え、目覚まし時計をセットせずに眠れるのが何より幸せです。大好きなインテリアの本などをベッドでゴロゴロしながら、のんびりページをめくります。

コロナ禍の運動不足解消にと壁のＤＩＹをしたのがきっかけでインテリアの取材も受けましたが、一日のタイムテーブルを見ていただいた通り私は優等生タイプとはほど遠く、台所に立つ時間もできれば少なく……と考えるようなごく普通の主婦です。インテリアやおしゃれは大好きなのですが、背伸びしない・無理しないがモットーです。

「かわいい」や「好き」から始まったゆるっとSDGs

いつの頃からかアンティークの持つかわいらしさや質感に惹かれるようになり、我が家では部屋のあちこちで古道具が活躍しています。ここでは、遠い国からやって来た品々や、手入れをしながら使い続けているものを見ていただけたら。SDGsという言葉を頻繁に耳にするようになった今日この頃ですが、はからずも「かわいい」や「好き」から始まった私のSDGsは無理せず長く続けてこられたように思います。

さまざまな国の古くてかわいいものを

キッチンでは10年ほど前に買ったドイツのアンティークの蓋つき容器を塩入れにしています。中にカットした牛乳パックをセットし、その中に塩を入れて使っています。買うときにお店の方に教えていただいた通り、片手で蓋を開けてワンタッチで使えるのがとても便利。小さなポットのような白いお醤油さしも日本の古い物です。

同じくキッチンの食器棚は日本の古道具です。上に置いた青い琺瑯容器を米櫃《こめびつ》にしています。

また、我が家では珍しいプラスチック容器も。これは30年以上使っているお気に入りのアメリカ製です。マグカップに庭のクリスマスローズを飾ったり、スリップウェアのオーバル皿を置いたりして、ディスプレイコーナーのように楽しんでいます。

ダイニングの、ガラスのシェードは夫の実家から譲り受けました。70年以上前のものだと思いますが、とろりとした乳白色とシンプルな形が気に入っています。「ウィリアム・モリス」の壁紙とともに、家の中でもお気に入りの眺めのひとつ。

ちょこっとDIYやお繕いで自分好み&快適に

DIYや繕い物は純粋に楽しみでやっていますが、節約にも一役買っています。勝手口の壁に立てかけた白いボードは、壊れてしまった婚礼箪笥の扉をペイントしたものです。フックをつけてちょこっとデコレーション。庭に移動して目隠しとして使うこともあります。

零《こぼ》れ種から咲いた白いオルレアが道路脇を密かに緑化してくれています。不要になりそうな

1
3 2

1 夫の実家から譲り受けたシェードにぴったりのアンティーク風の吊り金具は、たまたま東京・吉祥寺の雑貨屋さんで見つけました。 2 台所勝手口脇のこのコーナーは、朝の光が綺麗に入るんですよ。左の壁だけDIYで淡いグリーンにペイントしました。 3 ペンキ塗りの道具。左から順にパテ、水性ペンキ、刷毛、絵筆です。水性ペンキは扱いやすいので、気負いなくペンキ塗りができます。 4 井の頭公園のここからの眺めは、木の雰囲気がヨーロッパの森のようで好きです。 5 元は無地のラグ。ダメージのある所に麻布を置き、まわりを纏ってから刺しゅう糸で縫いつけます。糸は庭木の枝に巻きつけてシェーカーボックスに収納。 6 気持ちいい風に吹かれながら、ちょっと贅沢なパンで公園ベンチのおやつタイム。 7 新宿御苑でのお嫁さんと孫。我ながらいい写真が撮れました。やっぱり愛かな（笑）。

4
6 | 5
7

ものの再利用や零れ種……私のモッタイナイ精神が地球環境に多少なりとも貢献しているかも？　と思うとちょっと嬉しい。

チクチクもペタペタもまずは手を動かしてみる

なんてことのない無地のラグは家で洗えて、濃色で汚れも目立ちにくく便利だったのですが、あちこちにダメージが！　そこで、アジアのラリーキルトを真似てお繕いすることに。使う布は主に麻の端切れ、糸は使いかけの刺しゅう糸です。アップリケ感覚で自由にチクチク。繕った箇所がアクセント的な役割を果たしてくれました。このまま繕い続けたらかわいいラグになるのでは、とこの先が楽しみです。

築27年の2階トイレはお恥ずかしい話ですが、いつの間にか壁にシミが浮き出してきていて驚きました（おそらく壁紙用のノリの拭き忘れではないかと思いますが……）。そこで、ちょこっとＤＩＹを。パテで隙間を埋めてペンキ塗りをしたら、見違えるように綺麗になって大満足です。

使った道具はパテ、水性ペンキ、刷毛、筆（子どもが学校で使っていたもの）、この他にマスキングテープ。刷毛や筆は食器用洗剤でぬるま湯で洗って乾かせば、もちろんまた使えます。

レジャーも自然派、これもSDGs!?

レジャーも自然派の私。都会のオアシス・公園を散策することが多いです。ある日、お出かけついでに井の頭公園に寄りました。井の頭公園では池端からの眺めが一番好きです。途中で美味しいパンを買ってベンチで食べるのも楽しみのひとつ。

次男一家と新宿御苑に行ったことも。シートに座るお嫁さんと孫を隠し撮り（?）したり、のんびりしたいい一日でした。

どれも普段、あまり意識せずにしていることではありますが、SDGsに繋がるのではないかと私が思うことを書いてみました。これからも無理なくできることを楽しんで続けていきたいと思います。

column

気負わない美容と健康

サラサラの秘密

ヘアケアはシンプルです

コロナ禍にシフトチェンジ

10年以上前からの習慣

たった3分、されど3分

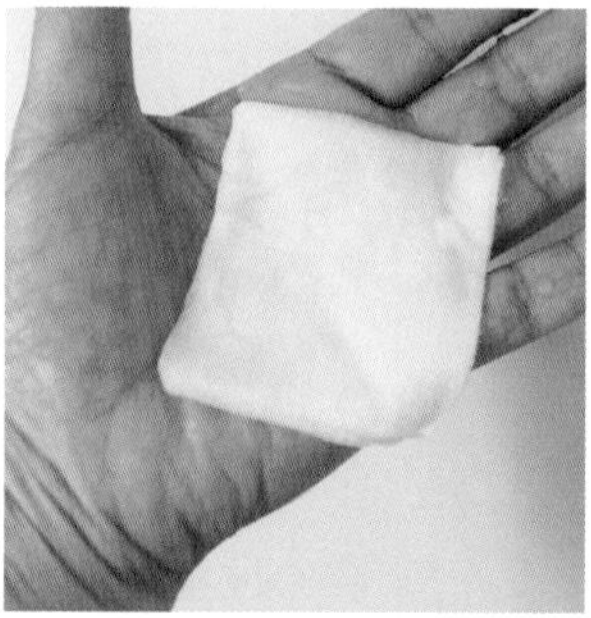

こんな感じでコットンパック

似合う色は出会いから

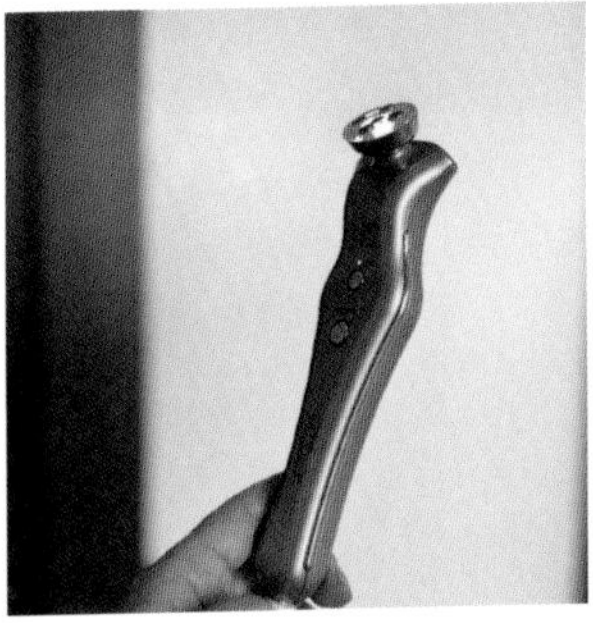

気が向いたらクルクル

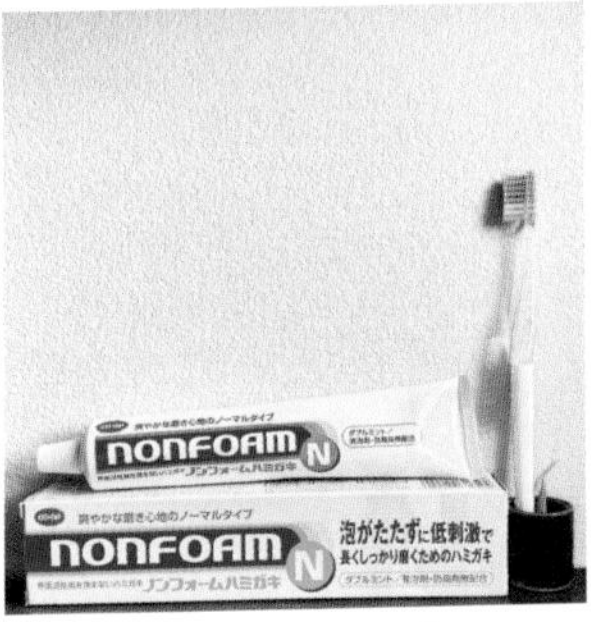

歯が健康のバロメーター

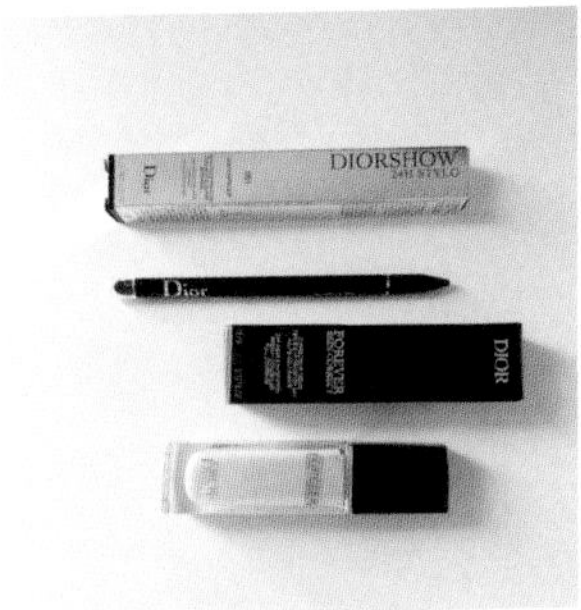

新しい発見とチャレンジ

我が家の3大発酵食品

特別な運動をしなくても

できることを、できる範囲でコツコツと。
「継続は力なり」毎日のメイクも練習です。

「美容室帰りの髪って何であんなにサラサラしてるんだろう」と考えたのが始まりでした。そこでピンときたのは、カットをするときに何度も髪を櫛でとかすからかも！ってことでした。ちょっと根気は要りますが、試しに櫛で100回とかしてみると、天使の輪……とまでは言いませんが髪に艶が出る気がして続けているお手入れです。櫛は英国製の「KENT（ケント）」の製品で、ハンドメイドだそうです。京都の素敵な本屋さん「恵文社」の雑貨コーナーで買ったこともちょっと嬉しくて、愛用しています。

やっぱり美は一日にして成らず!?

右は「無印良品」の容器に移し替えたクレンジングオイル、隣の化粧水は無香料のタイプを。そして以前は、1万円前後の美容液を使っていましたが、コロナ禍で近所のドラッグストアでも手に入る「ザーネクリーム」に替え、大幅にコストカット（こちらは約1000円！）。失礼ながらさほど期待せずに試したのですが、特にトラブルもなくしっとりいい感じ。左から2番目「アルージェ」のアイクリームは、ジェルよりもクリームタイプが好きで選びました。リップクリームはずっと「ニベア」です。

ドラッグストアコスメに開眼

水と化粧水を含ませたコットンは、こんなふうに剥がして顔にのせます。ローションパックのいいところは、一番しっとりさせたい目の上にもパックができることだと思います。シートマスクだと目の所がくりぬいてあるものが多く、うまく瞼にのらないことも。それからひとつ大事なポイントが、パックをする時間は3分です！それ以上時間をおくと、浸透圧の関係かな……と思うのですがコットンに水分が移ってしまうそうなのです。せっかく頑張ってもシワシワになったら大変、ご注意くださいね。

薄く剥がしたら顔にのせます

ヘアケアに使っているもの。左から、ドラッグストアで買う1000円前後のシャンプー&リンスは、さっぱりした香りがお気に入り。ムースはパーマヘア用、しっかりカールがよみがえる優れものです。チューブ状のワックスはいつもの美容室で購入。ホールド力はミディアムタイプです。カットの仕上げに美容師さんが手に取る量をしっかり観察、使い方も伝授してもらいます。最後の小さな瓶は、香りのいいあんず油です。髪を洗ってドライヤーで乾かす前に2〜3滴を手のひらに取って髪全体になじませます。

どれも手軽に買えるものを

お風呂上がりに、ずっと続けているローションパック。もう10年以上前になると思いますが、テレビで美容家の佐伯チズさんが紹介していた方法で、コットンと普段使っている化粧水で気軽にできるのです。佐伯チズさんご本人がとても素敵な方だったのもあって早速試してみると、しっとりしていい感じ！　何となく続けるうち、今ではすっかり習慣になりました。効果のほどは……と聞かれると、よくわかりませんが（笑）、長年肌のトラブルがないのは確かです。

コットンでローションパック

ローションパックの方法を簡単にご説明しますね。まず、コットン数枚を水に濡らして両手で挟んで軽く絞り、そこに化粧水を2〜3滴たらします。私がいいなと思ったのは、コットンに水を含ませるところです。化粧水だけで同じことをしたら「勿体ない」と思って続けられなかったかもしれません（笑）。水と化粧水でひたひたにしたコットンは半分に剥がして使います。毎日使うので大袋に入ったお徳用を買っています。ちなみに、化粧水は肌に合っていれば特段高価なものでなくてもよいそうですよ。

水+化粧水だから経済的

メイク体験に影響を受けて口紅も購入。そのときに塗っていただいたオレンジ色の口紅が、色白とは言えない私の肌に合っているなと思い、メーカーに問い合わせるも残念ながら廃番とのこと。その後、たまたま行ったアウトレットで見つけたのが「シュウ ウエムラ」の口紅でした（箱にキズありで30%オフ！）。くだんのメイク中に「口紅って塗ると色が違ってしまいますよね」とヘアメイクさんに言うと、「ほんのり色がつけばいいんですよ」と。言われてみればその通りで、なんだか目から鱗でした。

欲しかったオレンジ色を発見

まず朝起きると洗面所でうがいと洗顔をして、歯磨きは朝食後と夜お風呂の中での2回です。歯磨き粉は長年使っている「coop（コープ）」の「泡がたたない」歯磨き粉です。泡が少ないとゆっくり磨けるし、発泡剤を使っていないのも安心です。年齢とともに歯茎が痩せて歯に隙間ができてしまったので、歯医者さんのアドバイスに従い歯間ブラシでケアの仕上げをしています。ちょっと疲れたり寝不足だったりすると歯茎が腫れるので、歯は私の健康のバロメーターでもあります。

歯磨きは朝・晩の2回で

発酵食づくりは実験のような楽しさがあります。5年前から始めた味噌づくりは3年目に陶器の壺を買うと、それまでのプラスチック容器よりも美味しくできて、やっぱり麹は生き物なんだな……と実感しました。庭に赤紫蘇が生えた（どこからか種が運ばれてきて！）ことから始めた梅干しづくりも、今年はイギリスのアンティークの壺を使っていい調子です。そして、子どもの頃から慣れ親しんだぬか漬けもやっぱり欠かせません。一番好きなのは、キュウリのぬか漬けです。

作って楽しい、食べて嬉しい

きっかけは、あるウェブ企画で娘とともにモデルを務め、初めてプロのヘアメイクを受けたことでした。撮影の日にすっぴんで鏡の前に座ると、最新の美顔器を渡され「マッサージしててくださいね」と。言われるがままにしていると、くすみが消えているではありませんか！　帰宅して早速、母から譲り受けたものの使っていなかった古い美顔器を引っ張り出しました。眉間のシワが気になっていたので、額をクルクルすること数日、額だけ明らかにスベスベに。今では気が向くとクルクルしています（シワは消えなそうですが・笑）。

眠っていた超音波美顔器、再び

プロヘアメイク初体験では、ほかにも沢山の収穫がありました。今まで自分では考えたこともなかったカラーが似合うと教えていただいたのも、そのひとつ。私にはボルドー系のアイメイクが合うそうで、出かけたついでに化粧品売場をまわってみました。娘に勧められていたコンシーラーを思い出し「Dior（ディオール）」に行くと、色とりどりのアイライナーがズラリ！　こちらの化粧品は40年前に行ったハワイで買って以来でしたが、基礎化粧品をコストカットしていたお陰で躊躇なく買えましたよ。

ハイブランドもたまにはね

特別な運動はしていないのですが、簡単な体操を習慣づけています。数年前に腰痛で寝込んだことがあり、娘から教えてもらった体幹トレーニングのバードアンドドッグを左右10回ずつしています。それから、スマホの見過ぎか（この原稿もスマホで書いています・笑）首が痛いので、NHKで見た首の痛みを和らげる体操もしています。体操はお風呂上がりにするので、服装はパジャマ代わりにしている随分前に買った「Journal standard（ジャーナルスタンダード）」のパンツに古着のTシャツです。

お風呂上がりはパジャマで体操

夫婦ふたりの食卓と最近のお出かけ事情

episode 7　July

我が家はリタイアした夫とふたり暮らし。当初は退職したらごはんづくりを交代で……なんて夫が言っていましたが、幻だったようで（笑）。朝・昼ごはんはお互いにテーブルにつく時間が違うこともあり、各自でとなりました。お夕飯も晩酌をしなくなったので割と簡単。私も主婦としての仕事量が少し減り、ホッとしています。

平日はおのおのでとるランチも土日はふたりで

平日のお昼は前出のように各自で好きなときに好きなものを食べますが、土日はふたり一緒にゆっくりとランチします。この日は、夫はお刺身（買い出しは目利きの夫にお任せ）で一杯の後、酢飯にお刺身をのせてちらし寿司に。私は呑まないので、こんな感じで小皿にちょこちょこと盛りつけて手巻き寿司にしました。

時には外食も上手に利用して適度な息抜きも。コロナ禍でも感染状況が落ち着いているときは、夫と買い物に出たついでに外でランチをするようにもなりました。

我が家唯一の行きつけは、次男が高校時代から数年間バイトしていたお店です。たまには外食して気分転換するのも、機嫌よく暮らすのには大事なことですよね。

気分転換にもなる保存食づくり

（まさに）手前味噌のこともお話ししたいと思います。退職したらやってみたかったのが味噌づくりで、今年で5年目になります。仕込んで3か月経ったら、天地返しをします。恐る恐る紙蓋を開けると1か所だけカビがありましたが、範囲を広めにスプーンで取り除けば大丈夫。壺から味噌だねを全部出して混ぜます。

壺を洗って熱湯をまわしかけ、アルコールをスプレーして消毒を。そこに、味噌だねをお団子状にして底に投げつけ（これが楽しい！）空気を抜いて詰め直します。上を平らにならし、アルコールを含ませた和紙をピッタリ張ってラップをかけて。ビニール袋に塩を入れた重しをの

1
3 2

1 ホームセンターの帰りにランチに寄るのがいつものコース。デザートは夫が注文して少し分けてもらうのも、お決まりのパターンです。 2 手作り味噌の天地返し。童心に返って（?）味噌玉を壺の底めがけて「エイッ!」と投げつけます。 3 紙蓋をしたら床下収納庫へ。2月に仕込み、半年後の9月から食せます。この壺は買うのに3年迷ったけど（笑）買って正解でした。 4 横浜のベーリックホールは、インテリアがツボでした。 5 久しぶりに行った「homspun（ホームスパン）」で買った麻のワンピース。ヨーロッパの女性のように年を重ねたら綺麗な色を着るのが目標です。 6 横浜散歩で立ち寄った山下公園。晴れて最高の眺めでした。 7 ベーリックホールはイギリス人貿易商の邸宅だったそうですが、外観はイタリアの香り。竣工は昭和5年、私の母と同い年でした。

4
6 | 5
7

せて紙蓋をして、床下で出来上がりの3か月後まで保存します。図書館の本で調べて始めた味噌づくりですが、スーパーで手に入る大豆、乾燥こうじ、塩で割と簡単に作れました。

酸っぱいもの好きなのでピクルスもよく作ります。パプリカが40円と安かったので、新玉ねぎとともにピクルスに。瓶詰めは綺麗な色合いで作ると冷蔵庫を開ける度に、ちょっと嬉しくなります。

気をつけながらも、やっぱりお出かけは楽しい！

さて、話は変わりますが「ナチュリラ」2022春夏号に一緒に掲載していただいた娘はダンサーです。先日は横浜で公演があったので早めに家を出て、近隣で大人の遠足をしてきました。ご近所ランチと一緒で、様子を見ながら少しずつお出かけを再開しています。

何度か訪れたけれど休館日が重なり、やっと見学できたベーリックホール。お庭からの眺めも素敵でした。壁の色やインテリアも大好きな雰囲気！　窓からの景色も羨ましい限りです。べーリックホールを後にしたら、途中で美味しいパンを買って山下公園まで歩いてみました。ベンチで海を眺めながらのんびりおやつ、最高にいい時間でした。

こんなふうに好きな場所に行けるのは本当に幸せなことだと、改めて感じています。先日は、しばらく行っていなかったお店にも立ち寄り、麻の服を買ったんですよ。67ページの写真5のものです。年を重ねたら綺麗な色を着ようと思っていたので、ひと目で気に入ったピンクのワンピース。この色合いのピンクは初挑戦でした。

夏バテ予防に心がけていること

これからますます暑い時季になりますが、夏バテ予防には適度な運動（お散歩でも？）と睡眠だと思っています。睡眠のゴールデンタイムは午後10時〜午前2時だとインプットされていましたが、最近の情報では午前0時〜明け方6時なんだそうです（諸説あるかも？）。宵っ張りの私は何だかホッとしました。皆さんもグッスリ眠って元気な夏をお過ごしくださいね。

暑い夏をひんやり快適に、暮らしの工夫

episode 8　August

梅雨明けとともに猛烈な暑さで始まる夏。年々、暑さがひどくなっているのは、やはり地球温暖化の影響でしょうか……。今回は、夏を気分良く過ごす工夫をご紹介したいと思います。

ガラス雑貨で窓辺を涼やかに

まずは見た目から……住んでいる街に古くからある食器屋さんで500円で買った四角いガラスの器に浮き玉を浮かべて。函館で見つけた浮き玉は小さめサイズが気に入っています。

我が家の夏の定番料理あれこれ

暑くても食欲はなくならないのですが（笑）、いつも以上にバランスよく食べる工夫はしています。茄子、しめじ、豚バラ肉の入った温かいお汁に冷たいうどんの組み合わせは我が家の夏の筆頭定番料理。おろし生姜と庭で採れた青紫蘇でさっぱりといただきます。

お肉を食べるとやっぱり元気が出ますね。うちではフライパンでさっと焼いて（ここは夫の出番）お皿に取り、テーブルに用意したホットプレートでひと口ずつジュッ！　と焼きながら食べます。つけ合わせは丸ごと蒸し野菜、人参は蒸したあとに切り分けて軽くホットプレートで焼くと、さらに甘みが出てグラッセのようですよ。

サンドイッチ用のパンがお安くなっていたときは迷わず作るのがミックスサンド。具はツナと玉ねぎのマヨネーズ和え＋レタス、ハム&トマト&キュウリ、イチゴジャムの3種類を用意。甘いサンドイッチも、ちょっと懐かしい感じがして好きです。

夏はさっぱりした味わいのトマトのスープもよく作ります。具はベーコン、人参、玉ねぎ、キャベツ、トマト缶、ウインナー。スープなんて暑そう！　と思われるかもしれませんが、冷房の部屋にいるとポトフや野菜スープが胃にやさしくてホッとします。それに、煮ている間は台所にいなくていいから割と楽なんですよ。大好きな映画「クロワッサンで朝食を」を思い出しながら、スープとクロワッサンで朝ごはんです。

1
3 2

1 サンドイッチは、定番のハム&トマト&キュウリが好きです。庭で採れたイタリアンパセリを添えれば、何げないお料理にも彩りが。 2 トマトのスープは冷房で冷えた胃にやさしい気がします。 3 野菜&お肉で栄養バランスもバッチリな母直伝のうどん。このメニューのときは麺にもこだわって生麺を使います。 4 近所の「無印良品」でディスプレイに使っていた麻のカバー類を。お安く買えてラッキーでした。 5 麻布で縫ったバスタオル。いつか厚手のアイリッシュリネンのバスタオルが欲しいなぁ。 6 手作りタープは両端を縫って棒に通し、ウッドデッキの柱に針金で取りつけています。次男の置き土産の貝殻模様の布がとても気に入っています。 7 久々に訪れた鴨川シーワールドでは、海風に吹かれてソフトクリームを食べたり、クラゲの水槽を眺めたり、シニア2人でも存分に楽しめましたよ。

4
6 | 5
7

夏こそ本領発揮！ のリネンクロス

夏はやっぱり麻が気持ちいいですね。麻のベッドリネンは少し高いけれど、セールを利用して揃えました。丈夫なので長く使えば結果的にお得だと思います。枕元には図書館の本。夏は小説よりエッセイ集を読むことが多いです。

夏はバスタオルも麻のものを。インテリアに興味を持つきっかけになったクニエダヤスエさんが「お店に売っていないので手作りしました」と、本に書いていらしたのを真似て、麻で縫いました。サラッとした肌ざわりが夏にぴったりの使い心地です。

家の日除けのひと工夫

ウッドデッキも夏仕様に。手作りの布の日除けをつけるとリビングが涼しくなり、植物も葉焼けしません。何より見た目がロマンチックで好きです。ホームセンターで９８０円で買って白くペイントしたルーバーも。イメージはヨーロッパの家の鎧戸で、こちらも日除けの役割を果たしてくれます。

シニアのお出かけにうってつけ!? 涼しい水族館

涼しげなクラゲの写真は水族館で撮影したもの。先日、30年ぶりに行った鴨川シーワールドでは、シャチのショーを見ながら幼かった子どもたちの姿を思い出して、しみじみしました。60歳以上はシニア料金でお得でしたよ！　夏の終わりから秋にかけて、お出かけの予定がある方も多いと思いますが、季節の変わり目はどうぞ気をつけてお過ごしくださいね。

FINE LITTLE DAY
Elisabeth Dunker
ファイン・リトル・デイ
好きなものと楽しく暮らす
アイデアとインテリア
エリーサベット・デュンケル
佐藤園子 訳
文堂新光社

読書の秋、私の場合

小学生の頃は図書の時間が苦手でした。何しろ本を選ぶのに時間がかかって、大抵読み切らないうちにタイムオーバー（笑）。そんな私が今では調べ事から悩み事まで本に解決してもらうことがしばしば。今回は堅苦しくない本のお話です。

話題の本は図書館を活用して

話題の本は新聞広告で知ります。半年ほど前、利用している図書館のOA機器が替わってパソコンの使えない私は大弱りでしたが、スマホで予約してみたら簡単でホッとしました。

片づけをするきっかけも本でした。10年ほど前「暮らしは、ちいさく」という本でシンプルな暮らしのよさに気づき、その後「人生がときめく片づけの魔法」に出会い、こんまり式収納を実践（今も引き出しはリバウンドなしですよ！）。そして昨年、断捨離の本に背中を押され、夫婦でリサイクルショップに不要な服を持って行きました。けれど……買取額の安さにガッカリ！　でも、お陰で心おきなく服を資源回収に出せてクロゼットはスッキリしました。

図書館で借りる本は、好きな作家さんのほか、題名や装丁でのジャケ借り（笑）もします。収納場所が限られているため、手元に置きたい本は買いますが、小説は図書館を利用することが多いです。

手元に置いて読み返したいお気に入りと甘いおとも

所蔵している本の中の一冊「FINE LITTLE DAY」を買ったのは2020年3月、コロナ禍で最初の緊急事態宣言の直前でした。その後、本屋さんも図書館も閉まりテレビは不安なニュースばかり……この本をパラパラ眺めると穏やかな気持ちになれたものです。

読書の合間にちょっとひと息、甘いものをいただきます。ドーナツは2種類食べたかったので、2個買って夫と半分ずつにしましたよ。

本を読む場所はいろいろですが、やはりリビングが多いですね。床でゴロゴロするときに掛けるタオルケットは、縁が傷んだので端切れでリメイクしたら好きな感じになりました。

1 | 3 | 2

1 片づけの本に刺激を受け、力仕事ができる60代のうちにと物を減らし、自分で把握できる量にしました。 2 茶系や黒の端切れで縁をパッチワーク風にリメイクしたタオルケット。それぞれ思い出のある布で作ったので愛着が増しました。 3 本の内容は知らずに借りたい派。パッと見のイメージと本の内容が違っても、それはそれで楽しいなと思います。 4 そんなにたくさんは食べられないし、夫は血圧高めですからドーナツは2種類を半分ずつが丁度いいんです。 5 背後からの光が読書にぴったりなコーナー。 6 軽井沢の室生犀星記念館は町営だそうですが、とても美しく管理されている上、無料で見学できるお勧めの場所です。 7 寝る前のひととき、読みかけの本のページを開きます。実はすぐに眠くなってしまうのですが、年を重ねると眠りにつきにくくなるとも聞くので、まあいいか。

4
6 5
7

庭のベンチをリビングに移動して白いシーツを掛けてつくった新しいコーナーでも。この時季は夕方まで手元が明るいので午後の読書にピッタリな場所です。

これからの季節は、ぬくぬくと布団の中で読書もいいですね。養老孟司さんは「バカの壁」を読んでから好きになりました。

夏に行った草津温泉で、旅館の部屋にあった籐の椅子でのんびり読書したのも、いい思い出です。草津温泉への途中には軽井沢にも立ち寄り、室生犀星記念館に行きました。美しい苔の庭にうっとり。こちらには、川端康成さんも散歩の合間に立ち寄られたそうですよ。

本の中でいろいろな人生を生きる

本の中でいろいろな人生を生きるのが私の読書の楽しみです。海外の暮らしぶりが書かれた本なら、自分もその地で暮らしているような気持ちになれるし、小説ならまったく知らなかった職業や境遇を知ることで擬似体験もできる。自分の人生はひとつきりだけれど、物語を通してほかの人の人生も体験できたような気になれるなんて、やっぱり本って偉大だなと思います。素敵な人のエッセイは、日常にちょっとした彩りを添えてくれるヒントもあるので、より身近で楽しく「私も真似してみよう」と思えたりしますしね。写真が美しい海外のインテリアブックは、もう眺めているだけで眼福です。時にハラハラ、時に憧れでドキドキ。そうした本たちとともにゆっくりと非日常の時間を味わいます。秋の夜長の過ごし方も人それぞれ。どうか良いひとときになりますように。

column

少数精鋭クロゼット

ひと部屋まるまる収納部屋の贅沢

着なくても取っておきたい服

ときめく引き出し、その1

丈の短いトップスはここに全部

引き出し、冬は出払っています

ニットはかごで、しばし休憩

ときめく引き出し、その2

収納部屋も自然素材で好きな雰囲気に

ガラガラ……でいいんです！

ニットを重ねてインテリアに？

捨てる、捨てない、は着てみて決める

カーディガンはラックが定位置

物を減らして把握できる量に。
お気に入りだけが残ったクロゼットです。

ウォークインクロゼットとして使っている２階の部屋です。白いハンガーラックは子どもたちがいた頃は玄関に置いてコート置き場として活躍していました。今はコート類のほか、一度着たけれどまだ洗濯はいいかなと思うスカートを掛けたり、翌日のお出かけに着る予定の服を用意しておくのに重宝しています。愛用の山葡萄のかごバッグは奥の棚が定位置です。ここは日が当たらないのでかごを置くのに安心な場所かなと思います。棚の下のフックには、そのシーズンに使うストールを掛けています。

ラックは服の準備やひと休みに活用

「人生がときめく片づけの魔法」の「こんまり式収納」を実践している引き出しです。左はタンクトップ・キャミソール、中央は長袖Ｔシャツ・カットソーカーディガン、右はお出かけ用の半袖トップス、手前はお出かけ用ハンカチです。奥に濃い色、手前に行くに従って明るい色を収納しています。ルールが決まっているから、しまうのも出すのも迷わない！　初めてこの「こんまり式収納」にしたときの状態を今も苦もなく保っているのですから、お勧めですよ。

ルールを決めたら片づけがラクに

嫁入り道具の和ダンスの引き出しには冬のニット類を収納しているので、冬場はこの通り空っぽです。虫食いを避けるため、シーズンが終わって洗濯及びクリーニングに出したニット類のみを引き出しに戻しています。以前は、うっかり洗いそびれたセーターを入れたまま次のシーズンまで置いてしまい、案の定虫食いにあってガッカリ！　なんて失敗もありました。以来、洗ったニットだけ戻すルールにしたら、虫食いの被害がなくなりましたよ。革の手袋もクリームを塗り布袋に入れてここに。

空っぽなのも気持ちいい

あまり着る機会はなさそうだけどデニムと合わせたらいいかもと、とってある繊細なレースのブラウスは、目にするだけで幸せを感じます。私のDIYの師匠でもある（勝手に弟子と思っています）ドール作家の毛塚千代さんのラベンダー入りサシェをのせて、アンティークのチェストの引き出しにそっと収めて。30年ほど前に買ったこのチェストは、深さがあってニット類をしまうのにも便利なんですよ。ひとつくらい、無駄かも……と思える収納があってもいいのかなと思います。

引き出しひとつ分の宝物

こちらは扉がついていますが、天地の真ん中が板で仕切られた造りの押入れ風クロゼットです。クロゼット上段の左側にポールハンガーを置いて、薄手のジャケット・シャツ・ブラウス類（長袖・半袖）を掛けています。奥には棚が２段ついていて、そこには替えのシーツやシーズンオフのタオルケットなどを。クルクルと丸めて紐で縛り、筒状にして収納しています。一部畳んで収納しているブラウスもありますが、シャツ・ブラウス類はこれでほぼすべてで、衣替えの必要はなしです。

ひと目で見渡せるからストレスなし

セーターやストールは着るたびに洗うわけではないので、一度着たものを引き出しに戻すのはちょっと抵抗がありませんか？　私はかごなどにざっくり入れています。通気がいいので湿気も飛んでくれるのではないかなと期待して。このとき、ひとつ気をつけているのはかごを床に置かないこと。もちろん、ホコリも気になりますが、何となく虫食いになりそうな気がして……。質のいいニットほど虫の好物（？）なので、心配なものはハンガーに掛けてラックに吊るしておく場合もあります。

ニット類は傷めない工夫を

左と中央は半袖Tシャツ、中央手前はお出かけ用タオルハンカチ、右はブラウス類です。ここも10年ほど前に実践した「こんまり式」収納から、位置もほとんど変わらずです。私がこの収納を始めたのは長男と次男が独立して末娘との3人暮らしになった頃です。大忙しの子育て時代にできたか……と言うと「？」ですが、時間に余裕ができた今の自分には合っている収納法だと思います。特別なお気に入りがズラリ並んだ右端のブラウスコーナーは、ときめきます！

収納にもときめきは大事

玄関のシューズクロゼットはガラガラです（笑）。そもそも5人家族で使っていたので不要な靴を処分したら、こんな状態になりました。右下のスペースはゴルフバッグ置き場で、この日は夫が使用中でした。空いたスペースには、新聞の契約時にいただいた洗剤（靴箱がいい香りに！）や、ガソリンスタンドでいただいたティッシュなども置いています。ブーツは以前カビが生えたので、シーズンオフは2階のクロゼットで保管。客用スリッパや傘もすべて収まっています。

ガラガラは心の余裕にも

みなさん、なかなか服を処分できないって言いますよね。私の場合は、とにかく面倒でも眠っている服を全部着てみて「これを着て出かけたいか」と自分に問うてみます（笑）。買ったときはすごく気に入っていた服でも、着てみて素敵と思わなかったらウォークインクロゼットの床に畳んで置いておきます。そして資源回収の前日に、もう一度処分してもいいか考え（保留にして半月かかることも・笑）、答えがYESなら紐で縛ってサヨナラします。今のところこの方法で後悔したことはありませんよ。

ときめかなければ、処分は潔く

ウォークインクロゼットの白いラックの反対側は、こんな感じ。収納部屋と言っても雰囲気よく、が理想です。木製の棚は長男の家で不要になったものを譲り受けました。ここには主に花瓶や雑貨類を置いています。リビングに飾るものは掃除のしやすさを考えて最小限にとどめているので、気軽に出したり戻したりできる一時置き場のような所があることで、模様替えが苦になりません。昔から好きなミニチュア雑貨も、棚の手前に置いておけば迷子になる心配がなく見た目もかわいいです。

整頓を保つコツは好きなもので揃えること

右ページで冬場の空になった引き出しの写真をお見せしました。だったらシーズン中のニット類はどこに……？ と思われますよね。セーターは2日ほど着たらブラシをかけて毛玉を取ったあとに休ませているのですが、その間は畳んで椅子の上に置いています。椅子は実家から譲り受けたミシン用で母が長年使っていたものを白くペイントしました。色合いを考えて重ねれば、一時置きしたニット類でも暖かそうなインテリアに早変わりです。

お店のディスプレイみたいに

ニット類の一時置き場としてかごや椅子の上をご紹介しましたが、カーディガンはちょっと違います。いちいちボタンを留めて畳むのは面倒だし、さっと羽織りたいのでウォークインクロゼットのラックに掛けています。ストールなどもすぐ隣の壁面フックに掛けておけば、シワにもならず安心です。我が家は至る所にDIYで取りつけたフックがあるのですが、帽子やストール、トートバッグやコートなど、いろいろ掛けられて思いのほか便利なんですよ。

お気に入りはどこに掛けても絵になる

おしゃれの秋もやってきた！ 自分のために装う愉しみ

episode 10 October

おしゃれは誰のため？　私の場合は間違いなく自分のためです（笑）。たとえ普段着だって好きな服で過ごせたら、やっぱり気分はいいですよね。ファッションをテーマに、秋から着てみたい組み合わせを、私の身長（156㎝）にセッティングして撮りました。

自分なりの合わせ方ルールもできてきました

90ページの写真は秋らしいベストとスカートのセットアップ。ファッション誌などを見ていると、ボトルネックのインナーを合わせたいところですが、肩凝りして苦手なので20年前の「agnès b.（アニエスベー）」のシャツを合わせます。セットアップの服はかしこまりすぎず、ほどよいきちんと感でお出かけに便利ですね。

デニムはロールアップせずに、きちんと裾上げを

ワンピースに合わせたときにすっきりとはきたくて「YAECA（ヤエカ）」で春先に買ったデニム。迷いに迷って2㎝だけ裾上げしました。服づくりを生業としている次男に相談すると「確かに切ったほうがいいかもね」と。子どもたちは私のおしゃれ心につき合ってくれる有難い存在です。

夏のお気に入りワンピは秋にも活躍させて

「homspun（ホームスパン）」のワンピースは夏に大活躍で、珍しく夫にも褒められました（笑）。長袖インナーを合わせて、もう少し季節が進んでも活躍してもらいます。

10年選手の服もラウンジウェアとしてまだまだ着ます。ふわふわと暖かいウールガーゼのワンピースは10年とことん着たので、今は普段着として家で着ています。ロング丈なので、立ち上がるときに裾を踏まないように要注意（笑）ですが。

新旧のお気に入りを合わせてみたら大成功なことも。最近買った紺のVネックの綿ニットは、3年ほど前に選んだ柿色のスカートと合わせたら、思いのほかしっくりとなじみましたよ。

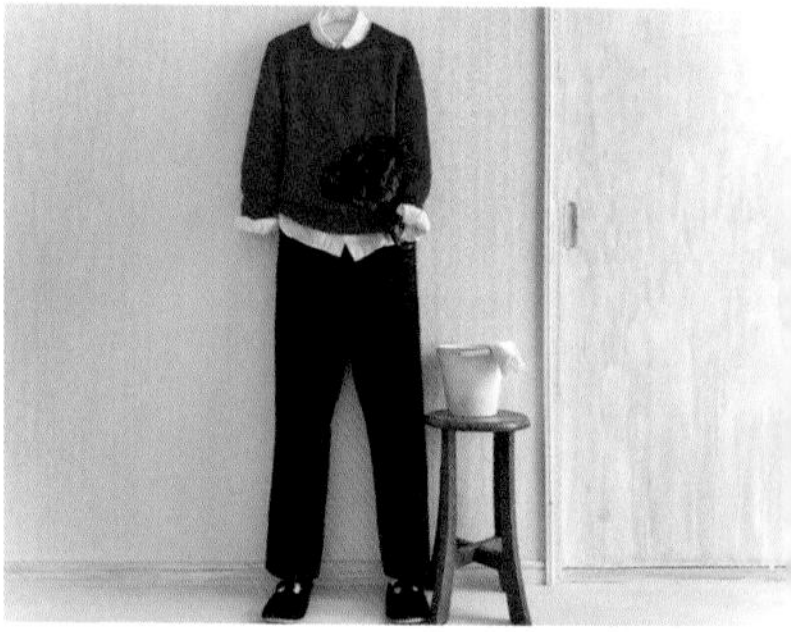

1
3 | 2

1 私の身長でははきこなせないパンツもあり、ワンピースに合わせる場合の正解がよくわかりませんが(笑)、ひとまずこれに落ち着いています。 2 イタリア製ウールのセーター。4年経っても風合いが変わらない優れものです。 3 「homspun(ホームスパン)」のワンピースを重ね着で。インナーも随分前に買った同じショップのものです。 4 紺の綿ニットは「MARGARET HOWELL(マーガレット・ハウエル)」。デニムにも合うので大活躍しています。 5 私の持っているワンピースの中で一番高価だった「maison de soil(メゾン・ド・ソイル)」のギンガムワンピ。10年愛用して今は普段着にしています。 6 麻のショップコートは「usual(ユージュアル)」。7〜8年着続けて、色褪せ具合が古着のように。 7 アクセサリーは少なめです。ピアスのほか、コートの襟を立てて留めるのに便利なブローチなど。

4
6 | 5
7

還暦の〝赤〟は上質なニットを選んで

還暦を機に買った赤いセーターはブラシでお手入れすれば毛玉も殆どできないので、お出かけにも普段にもどんどん着ています。白シャツとデニムを合わせてカジュアルに。〝還暦記念〟も特別なものにせず、日々活用してこその〝記念〟だと思うのです。

アクセサリーはゴージャスよりチャーミング

アクセサリーは少数精鋭で。ゴージャスなものより、クスッと笑ってしまうようなユニークでチャーミングなものが好きです。中には何と本物の豆をコーティングしたピアスも。フェルト製の鳥ブローチは軽さが気に入って、ちょっと冒険。長男や次男から贈られたハットピンもあります。

バッグを主役にしたくて選んだ冬物コートは、共布のストールがボタンで取り外しできます。ストンとしたシルエットですが、サイドにスリットが入っているので動きやすく、横からの姿もニュアンスが出ます。白いパンツや、柿色のスカートとの組み合わせがお気に入り。ちょっと長かった今年の夏も終わり、何を着ようかな？　と考えるのが楽しい季節になりました。みなさんも大いに秋を満喫してくださいね。

我が家に「年末の大掃除」がないワケ

episode 11 November

暮れの大掃除は寒い上に何となく気ぜわしく感じて、私は6月と11月の〝中〟掃除と日々の掃除で、年末に大掃除をしなくていい工夫をしています。みなさんには「これだけ!?」と思われるかもしれませんが……うちのお掃除事情もどうぞ見てやってください（笑）。

やっぱり気になる水まわり

気になる水まわりは〝中〟掃除ではなく、日々の掃除でちょこちょこメンテナンスをしています。まずはお風呂から、築27年の我が家ですので薄目で見ていただけたら有難いです。

つい後まわしにしてしまいがちな見えない箇所の掃除は、SNSで発見した、排水口と追い焚き口の金具を外しての掃除方法を真似しています。お陰で排水口のドロドロの掃除からは解放されました。早速ご紹介しますね。

夜にしておくこと

①排水口のトラップ等を外して洗面器で6杯分（約3ℓ）の残り湯を排水口に勢いよく注ぐ
②壁の下の方に飛んだ水滴を拭く
③スクイジーで床の水滴を取り除く

掃除はスペースを区切って

普段のお風呂掃除はスペースを区切って1か所ずつ（床も半分ずつ、数えたら全部で14か所でした！）ローテーションしておこなっています。

①浴槽と壁の1か所を洗う
②スクイジーで床の水滴を取り除く
③前の晩に使ったバスタオルで壁と床の水滴をさっと拭いて洗濯機へ

壁全体を毎回洗わなくても順番に掃除することでキレイが保て、大掃除の必要はなくなりましたよ。

1 / 3 | 2

1 排水トラップと追い焚き口の器具を外して掃除しますが、強風の日は下水からにおいが上がってくるので、封水筒（帽子状のもの）だけは戻すように。 2 夜、残り湯を勢いよくザバーッと注ぎます。 3 洗面所のコップとソープディッシュは東京・青山にあった「F.O.B COOP（フォブコープ）」で20年ほど前に購入。 4 台所に立つことはそこまで好きではありませんが（笑）、この眺めは大好き。やかんの持ち手は内側のネジが熱くなるので毛糸カバーを編みました。 5 朝の台所。寒い日も湯気を眺めるだけでホッとします。 6 レンジフード掃除はクレンジングオイルを使う裏技（?）で。 7 お気に入りの豆皿たち。引き出しにズラリと並べれば、開けるたびに楽しい。 8 洗面台用のスポンジは窓辺のワイヤーラックが定位置。「無印良品」の柄つきスポンジのスペアを半分にスライスしています。

4

6 5

8 7

洗面台は汚れに気づいたらの「ちょこっと都度掃除」

洗面台も朝の洗顔時に汚れが気になったら、洗面台掃除用のスポンジに石鹸をちょっとつけてササッと洗います。ステンレスのソープディッシュとコップはすっきりしたデザインで手入れもしやすいのです。

台所のレンジフードはメイク落としオイルで6月と11月に〝中〟掃除をします。「油汚れは油で落とす」というのを知って、ある日試してみたら大正解！　メイクを落とす要領で手のひらでクルクルとオイルをなじませ10～15分。

あとは乾いた布で拭くだけでピカピカ！　しかも被膜ができて汚れもつきにくくなるんです（わたし調べ）。本当にお勧めなので、ぜひ試していただきたいです。ちなみにプロペラは手の届く所の油を拭くだけでよしとしています（笑）。

物を減らして掃除しやすく・使いやすく

昨年、台所も物を処分して引き出しを整えました。元々入っていた引き出しの仕切りが傷んだので、「無印良品」のトレイで整理。引き出しの底板は補修し、取れない汚れがあったので白くペイントしました。引き出し2段目もペイントして、100均のスベリ止めシートを敷き、小鉢や豆皿を並べています。スパイス類は使いこなせないので、小瓶の調味料は少数精鋭。レードルや木のカトラリーは立てて収納しています。その奥には食器洗いの前にさっと汚れを拭く布をスタンバイ。古着やタオルを小さくカットしてかごにざっくり入れています。やかんは定位置を決めておいて使ったら戻します。コンロから離れた場所に置くことで油ハネ汚れがなくなりました。

ここまでお読みいただいて、もうよくおわかりかと思いますが優等生タイプの主婦ではない私。でもリビングの窓だけは小まめに拭きます。その他の窓は……ご想像通りの6月と11月です。全部を頑張らなくても気持ちよく暮らせたら、それが一番ですよね。

主婦に定年はないそうですが、お掃除も手を抜けるところは抜いてセミリタイア状態の私です。みなさんも肩の力を抜いて暮らしを楽しんでくださいね。

楽しみながらの節約の話

子どもたちが独立したら家は全面リノベをするものと漠然と思っていました。DIYもそれまでの中継ぎ程度に考えていたのが、ある日「このままでいいね！」と夫と意見が一致。思いがけず大きな出費を抑えることができました。今回は主に節約のお話です。

壁は楽しみながらDIYを

1階の壁は漆喰やペンキ、壁紙ですべてDIYしました。骨董市で買った小瓶（約500円）だって「ウィリアム・モリス」の壁紙を背にするといい雰囲気。2階のDIYはのんびりと進めるつもりです。

築27年、どうしても取れないシャワーホースのカビが気になり新しいシャワーヘッドとホースに交換。水道栓やカランの緩みも新しい金具で直してもらいました。お風呂が新しくなったようで、とっても気に入っています。我が家のメンテナンスは、建設会社から独立して個人で工務店的なお仕事をしているご近所さんにお願いしています。このときの料金は、リビングの窓や雨戸の戸車交換も含め3万円台でした。

とりあえず自分で直してみる

かれこれ30年使用しているチェストは背板が外れてしまったので、L字金具で留めてみました。前から見ると素人仕事でも遜色なし。高価な家具ではありませんが、デザインが気に入っているものなんです。普段使っているのは引き出しの2段目と3段目で、他はシーズンオフの服なので、問題なく使えます。これなら、私たちが年老いて使わなくなっても子どもたちは心おきなく処分できるし、もし使い続けるなら修理すればいいと思っています。

欲しいものは知恵と工夫で

キュウリを切らずに1本で漬けたくて、ぬか床はアンティークの壺から琺瑯容器に戻しました。

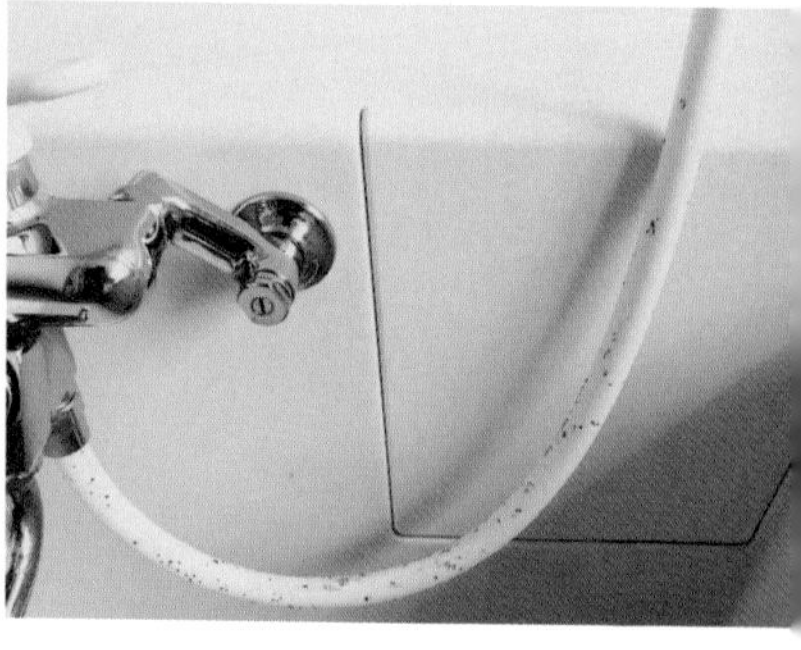

1

3 2

1 同じころ入居したご近所さんの中には、水まわりのリノベをしたお宅もあるそうですが、我が家はシャワーヘッドとホースの交換だけで大満足！　2 以前のシャワーホースのカビ。見るたびにお風呂掃除のテンションが下がっていました。3 骨董市で友達とお揃いで買った器。和菓子はもちろん、ぬか漬けや魚の切り身の塩焼きなどにも合う便利なサイズでした。4 こんなのがあれば……と頭の片隅で考えていたものが、ある日ピン！　ときて形になったぬか漬け容器の蓋。5 落とし蓋にコルクのつまみをつけただけで大変身。6 緑色の壁は、ホームセンターで出会った「ウィリアム・モリス」の〝いちご泥棒〟のカーテンに合わせてDIYを。7 このチェストはインテリアに目覚めて初めて買った家具でした。8 安価だったため背板が薄いベニヤ板で釘が使えず、苦肉の策でこんな直し方になりました。

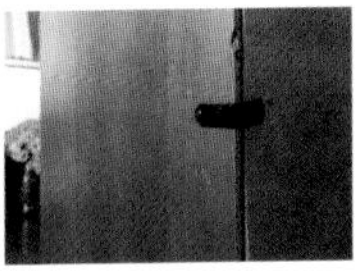

4
6 | 5
7 | 8

木の蓋のほうが通気もいいかな？　と落とし蓋を蓋代わりにしていましたが、見た目が今ひとつで……ある日、閃いて裏表を逆にしてみることに。そのまま使うのではなく、ここでもちょこっとＤＩＹを。容器の内径に合わせて落とし蓋の取手の両脇を切り落とし、取手を下にして裏側にコルクのつまみをつけました。コルクは小さな針に刺して接着剤で補強。イメージ通りのかわいいフォルムに大満足です。

飾る花もお気に入りの壁も実は低コスト

部屋に飾るのは庭の花や散歩で摘んだ野の花など。わざわざ買い求めることはしません。その背景となる壁はＤＩＹで大胆なペイントを。家の中のお気に入りの眺めのひとつです。色で冒険できるのも古い家ならではだと思います。

お金をかけずに楽しむレジャー

先日は友達と20年ぶりに川越骨董市に行きました。毎月28日に開催ですが、そのときは平日とあってのんびりムード。最初3枚で900円だったのを、2枚で500円に値段交渉。途中のやり取りも面白くて大笑い！　友達と1枚250円ずつで買った器は、その日のよき思い出の品となりました。川越名物さつま芋の芋羊羹130円也をのせて「あー、楽しかった」。

ご褒美旅は貯金とアイデアでカバー

もうしばらくは無理でも、元気なうちにまたパリに行きたいです。そのためにパートでこつこつ貯金もしてきましたからね。夫婦の旅では子どもの勤務先の福利厚生も利用させてもらっています。92歳の母に言わせると、60代はいい時だそうです。老後のお金も気になるけれど、動けるうちにいろいろ楽しみたいと思います。これから慌ただしい年末ですが、少しホッとする時間も持ちたいものですね。

ほどほどルーティン掃除

生ゴミの水分を新聞紙が吸収

燃えるゴミは新聞紙に包んで

シンクを洗って、家事終了

コンロは小まめに拭きます

洗い桶も定位置にお片づけ

台所仕事終了、の眺め

食器洗い洗剤は透明ボトルに

大好きな朝の風景

フワフワだけど頼りになります

スポンジはここで乾かす

シンプルな道具が好きです

ほどほど掃除でいいんです

ルーティンと呼ぶには簡単すぎかも。
無理をしない、ほどほど掃除が私には丁度いい。

新聞紙で包んだ生ゴミは、このあと勝手口の外に置いてあるゴミ箱に捨てます。燃えるゴミは自治体指定のゴミ袋の底に1枚新聞紙を敷いて、DMなどの紙類も破いて新聞紙に包んでから捨てています。できるだけビニール袋を使わず済むように始めた工夫ですが、新聞紙が生ゴミの水分を吸ってくれるのでにおいも多少和らいでいる気がします。新聞紙は使いやすいよう、時間のあるときに1枚ずつ畳んで台所のカウンター脇に置いています。

新聞紙はゴミ捨てにも活躍

お夕飯の洗い物が終わったら、最後に水道栓まわりとシンク、洗い桶をスポンジでさっと洗います。築28年の建売住宅ですが、シンクのステンレスは割としっかりとしているので、まだまだ使えそうです。洗い桶はガーデニングショップで見て色が気に入った琺瑯の洗面器を使っています。1000円くらいだったと思いますが、アンティーク風の加工がしてあるので錆が出そうなところには100均で買った白いマニキュアを塗って保護しています。

負担にならないちょこっと掃除

シンクの水滴までは拭きませんが、夜は物を置いたままにしたくないので、洗い桶は水気を拭いてキッチンカウンターの一番下にしまいます。炊飯器も使っていないときは、ここに置いています。白いメラミン化粧板のカウンターは、インテリアに目覚めた35年以上前に当時住んでいたマンションの台所に置きたくて、家具屋さんで作ってもらったもの。4万円ほどはしたし、本当は木製がよかったのですが、シンプルな造りが今の台所にも合っていて20代の私を「偉い！」と褒めてあげたいです。

とりあえず、ぜ～んぶしまう！

我が家はシンクに三角コーナーを置かず、コンロ脇の生ゴミ入れに野菜の皮などを入れておきます。そして、夜の洗い物が終わったら新聞紙を1枚広げ、手前を半分に折って生ゴミ入れのゴミと、シンクの排水口かごのゴミを包んで捨てます。野菜クズは、庭が広ければコンポストを置きたいところなのですが。でも年末年始のゴミ収集がお休みのときだけは、勝手口に深さ約30cmの穴を掘って捨てています。たまに米の研ぎ汁などをかけておくと、夏には土に還っていますよ。

コンポストが理想だけれど

テレビで料理研究家のコウケンテツさんが「コンロまわりは使ったらすぐ拭くのが一番いい」とおっしゃっていたので、それを実践しています。まだ温かいうちなら簡単に汚れが落ちるので、そんなに手間ではありません。使っているのは温泉に行ったときに宿でいただいてくるタオルです。実家の母の真似をしているのですが、薄手なので絞りやすくて使い勝手がいいんです。1日使ったら洗濯機で洗い、数枚をローテーションして使っています。

温かいうちにさっとひと拭き

台所仕事終了。2人なので洗い物も少なくて助手（夫です・笑）もいるので片づけは楽です。洗い物とゴミの片づけが終わったら、ステンレスのカウンタートップの水滴を拭きます（シンクまでは拭きません）。最後にワイヤーかごを吊り戸棚のつまみにかけて、水気を絞った食器洗い用スポンジを入れて乾かします。このとき、水滴が落ちるので下にタオルを敷くように。壁に掛けたフライパンの下にある白い容器が生ゴミ入れで、ゴミを捨てたら洗って拭いて底に新聞紙を敷いておきます。

ここまでやれば今日は終わり

換気扇フードのお掃除にはメイク用のクレンジングオイルを使っているとご紹介しましたが、台所で使う洗剤は「coop（コープ）」の食器洗い洗剤だけです。詰め替え用を買って「無印良品」の透明ボトルに入れて使っています。以前はシンクに吸盤つきのワイヤーホルダーをつけて、洗剤のボトルとスポンジを置いていましたが、ジメジメして掃除もしにくいのでやめました。今は使い終わったら拭いて、いつも炊飯器を使う場所の後ろに置いています。

どうせ詰め替えるなら透明ボトルに

さあ、お掃除を始めましょう！　と思い立ったら、まず羽はたきで棚や照明のシェード、写真立てのガラス面や観葉植物の葉っぱまで、とにかくホコリを落とします。この羽はたきは2代目です。最初に買ったものはもう少しお安かったのですが、使い始めて1年ほどで羽がはらはらと落ちてお掃除のたびに、こちらもハラハラ(笑)。ちょっと高くても丈夫が一番！と選んだのが、レデッカー社製の羽はたきでした。昔の布はたきのようにガラス雑貨に引っかけて壊したりすることもなく、本当に安心です。

お気に入りの道具でテンションアップ

ブラシなどの道具類は天然素材でできたシンプルなものを揃えています。左の洋服ブラシはウールのコートやニットのお手入れに使う「無印良品」のもの。柄の長いブラシは台所の排水口用に、京都の「内藤商店」で女将さんに相談して選びました。排水口の水切りかごやトラップ、その下の排水口もこれひとつで手を汚さずに洗えます。右の細いものは小さなボトル用に。アンティークの小瓶に庭の花を飾ることが多いので、このサイズはとっても便利なのです。

用途に合わせてブラシいろいろ

一晩経って、朝の風景です。スポンジはおおかた乾いていますが水滴をもう一度絞って台所の小窓の定位置にワイヤーかごごと戻します。吊り戸棚と流し台の扉は、茶色い木目の化粧合板が好みでなかったので10年ほど前に自分で白くペイントしました。面倒なのでつまみの部分も一緒に塗ったら、使い続けるうちアンティーク風になり、ぐっと好みに近づきました。奥に見えるフライパンは、予約から3年を経て我が家にやってきた成田理俊さんの「成田パン」。軽くて使い勝手も抜群です。

朝の台所はこの景色から

食器洗いのスポンジは台所の小窓が定位置。アルミ格子にS字フックをつけ、ワイヤーかごを引っかけています。朝ごはんで使う食器はコーヒーカップと小鉢くらいなので、食器はお昼ごはん後にまとめて洗います（パン食のときは木製皿を使っていて、お手入れは濡らした布でさっと拭くだけ）。その間、スポンジはここでしっかり乾燥させます。ワイヤーかごは「Farmer's Table（ファーマーズテーブル）」が表参道の同潤会アパートにあった頃の20年以上前に買いましたが、かわいげがあって大好きです。

しっかり乾燥で嫌なにおいを防ぐ

Webのコラムをスタートした時点で、優等生タイプの主婦でないことはカミングアウトしました(笑)。お掃除も隅から隅までピカピカにしなくても、ほどほどでいいかな……と思っています。床には物を置かないようにしているので、羽はたきで棚などのホコリを落としたら床に掃除機をかけて、お掃除終了です。床や棚、窓などに気になる汚れがあれば拭きますが、掃除機のあとにモップをかけたりはしません。お掃除は午前中に済ませますが、夜にゴミが気になったときは箒で簡単に掃き掃除をしています。

掃除も優等生をめざさない

DIY～階段の壁紙貼り

使う材料は家にあるもの&残り物

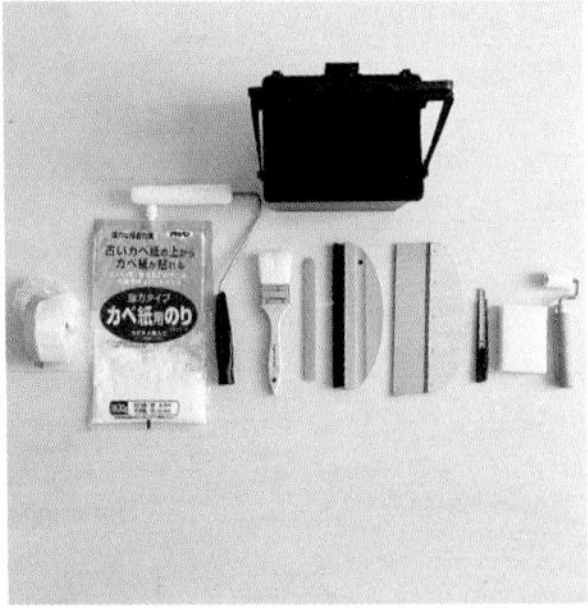

壁紙貼りDIYの道具一式はこちら

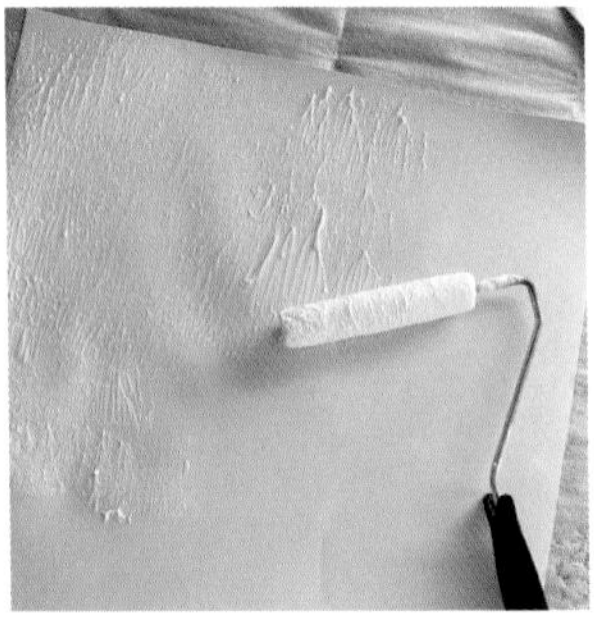

糊は「これでもか！」というほどたっぷりと

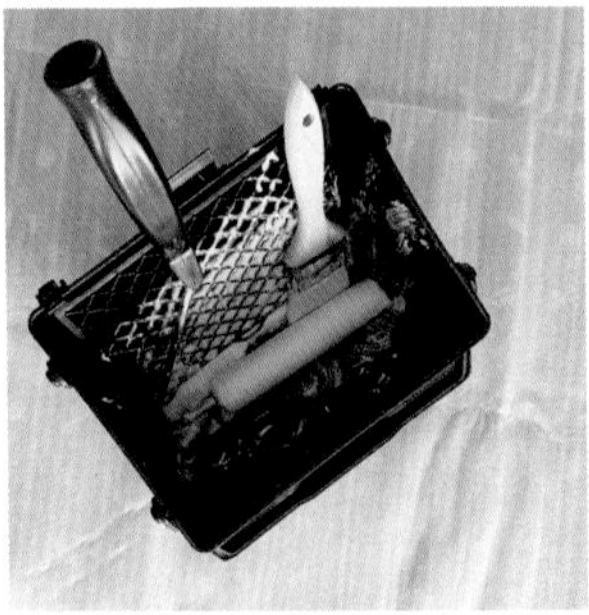

糊を準備して、さあ始めましょう

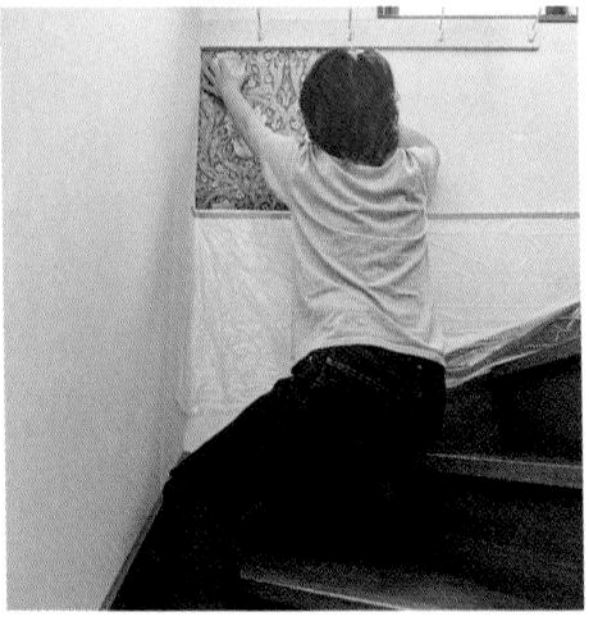

いよいよ貼っていきます

壁紙に糊を塗ったらオープンタイムを

カットの前は竹ベラでクセづけを

余分な糊は丁寧に拭き取って

2枚目の柄合わせも綺麗にできました

最も緊張するカッターでのカット作業

かわいく仕上がって大満足！

ここまできたら、もうひと安心

大好きな「ウィリアム・モリス」の壁紙。
階段にも貼ってみたDIYのプロセスです。

今回使用した材料です。壁紙の上下に張る板は家にあったもので、ペンキは台所の壁や勝手口のドアを塗った残りを使いました。壁紙も2年前に1ロール（52cm×10m）購入したときの残りなので、こちらも材料費は0円でした。壁紙は柄合わせが必要で、これがとっても難しそう！　と心配していたのですが、葉の部分の柄を合わせるとあっけないほど簡単にできました。貼りたい場所の寸法より5cmずつ長めに上下をカットし、左から順に1・2・3と番号をつけたら材料の準備は完了です。

柄合わせをしてからカットします

東京・恵比寿の「WALPA（ワルパ）」で壁紙と一緒に買った、壁紙貼りのための道具11点セットです。写真上は黒いローラーバスケット（ネットつき）、下は右からローラー、スポンジ、カッター、地ベラ、ハケ（大）、竹ベラ、ハケ（小）、スモールローラー、強力糊。左端は別途購入したマスカー（養生用マスキングテープ）です。2年ほど前に5000円以内でひと揃えし、今回は残っていた強力糊を使ったので出費は0円でした。

2年前に揃えた道具一式、再び

テーブルなどを作業台にする場合は、汚れ防止のビニールシート等を敷いて。壁紙の裏側を上にして広げ、ローラーに糊をつけて塗り広げます。糊はローラーの上部分に写っているくらいの量で、多めがいいんだそうです。つい薄くのばしたほうが綺麗に貼れそうと思いがちですが、ここでたっぷりと塗ることで壁紙がしっとりして扱いやすくなる上、糊の厚みによって壁に貼ったあとも両手でゆっくり動かすことが可能で、つなぎ目部分の柄合わせがしやすくなるそうですよ。

糊は大胆にたっぷりと塗るのがコツ

では、貼り始めます。なにしろ2年のブランクがあるので、前回お店の店員さんに書いていただいたアドバイスのメモを前日に見直し、壁紙DIYのYouTubeなども見て入念に予習。まず、ローラーバスケットに強力糊をたっぷりめに絞り出します。次に、ローラーに糊をつけ、バスケットの中でネットを使って分量を調節。あらかじめカットしておいた壁紙の裏側に塗っていきます。ローラーで塗りにくい部分や塗り残した箇所は、小さいハケを使って糊をつけます。

何ごとも準備と予習が大事

壁紙を貼る下の部分は、マスカーで養生しておきます。まず左側の角から1枚目の壁紙を貼りますよ。本来なら以前取りつけたフックつきの板を外してから壁紙を貼るのがベターなのですが、外せないほど頑丈につけてしまったようで（笑）そのまま作業しました。壁の角のラインに合わせて貼っていきます。ここでたっぷり塗った糊が威力を発揮。ヌルヌルしていて滑りがよいので位置の微調整ができるのです。位置が定まったら一旦少し離れたところから確認します。

ここが肝心！　な貼り作業

壁紙には糊つきの手軽なものもありますが、こちらは昔ながらの糊を自分で塗るタイプ。壁紙の全面に糊を塗り、糊の面を内側にしてふんわりと二つ折りに畳み合わせ、5～10分おいておきます。オープンタイムといって、こうすることで壁紙がしんなりして、乾いたときに縮むのを防ぐそうです。左上に写っているのは、以前お店でレクチャーを受けたときに書いていただいたメモで、今回も本当にお世話になりました。

オープンタイムは自分の休憩にも

2枚目の壁紙の位置が決まったらまずは指で隅をなぞって密着させます。次に、竹ベラの先が削れているほうを下にしてやさしくなぞり、しっかりクセづけをします。慌てて力を入れると壁紙が破れてしまうので気をつけたいところ。リビングに壁紙を貼ったときは、ここで思わず力が入ってしまい、隅がちょっと破れかけた経験があります。でも柄があったお陰で今やどこだったのか全くわかりません（笑）。多少の失敗はあってもなんとかなるので大丈夫ですよ。

慌てずやさしく、でもしっかり

2枚目を貼り終わり、上下の余分な壁紙もカットしました。下の部分は壁紙の上に板を張るのでアバウトにカットしても大丈夫。重い腰を上げて始めたDIYでしたが、ここまできたらホッとしたのか作業が楽しくなってきました。リビングに壁紙を貼ってから2年も経ってしまい、すっかり手順を忘れているのでは……と心配しましたが、手を動かしているうちに記憶がよみがえってくるから不思議ですね。まだまだやれるな、自分！と思い嬉しかったです。

久しぶりでも手は覚えていた!?

壁紙を3枚貼り、下の部分にも板を張ったらできあがりです。どうしたら簡単に失敗なくできるかと私なりに考えた結果、もしかしたら初めての方でもトライしやすい方法かもしれない！　と、ご紹介してみました。繰り返しになりますが、家にあったものを利用したので今回の材料費は0円です。壁のアクセントとして自由に壁紙を貼ったりペンキを塗ったりするDIYは、古い家ならではの楽しみ方だと思います。ちょっと勇気を出して、皆さんもDIYしてみませんか？

古い家だからこそ楽しめるDIYがある

壁紙がちゃんと正しい場所に貼れたら、水を含ませてギュッと絞ったスポンジで余分な糊を丁寧に拭き取ります。近くに水を入れたバケツを用意しておいて、スポンジは拭く度に洗いますよ。余談ですが我が家の2階のトイレの壁は、住み始めて10年ほど経ったころ天井の隅に茶色いシミが浮き出てきて。これは施工時に糊を拭き忘れたからなのでは……と思いました。ですから、この工程はとっても大事！　まさしく「美は細部に宿る」ですね。最後に大きなハケで左側から右側へ、上から下へとなでて空気を抜きます。

経年変化を見据えた大切なひと手間

1枚目の作業が終わったら2枚目を貼ります。壁紙の上下は5cmほど余裕を持ってカットしてあるので、1枚目とのつなぎ目になる柄合わせに集中できますよ。1枚目と同じ手順で貼ったら上下の余分な部分を竹ベラでクセづけし、地ベラでしっかり押さえカッターを添わせながらカットします。カッターの刃は切れ味が大事なので、1回切ったら必ず折って新しい刃にしてくださいね。お店でレクチャーを受けたとき、使用した刃を蓋つきの瓶に入れていたので、私も同じように空き瓶を用意しました。

カッター作業は実は苦手

2枚目と同じ手順で3枚目を貼り、上下の余分をカットした状態です。私は壁紙をカッターでカットするのが本当に苦手！　本来なら階段の際の部分まで壁紙を貼るのが自然ですが、傾斜に合わせて斜めに壁紙をカットする自信がありませんでした。そこで、苦肉の策でライン状に貼るデザインに。この貼り方だと壁紙の上は前に取りつけたフックつきの板を生かせるし、下にも新たに板を張ることで、壁紙のカットが少々歪んでいても板で見えなくなるから大丈夫という……。壁紙の分量も少ないので貼るのも楽でした。

苦手なこともアイデアでカバー

column

年金暮らしの知恵と工夫

台所の小窓にリメイクカーテン

冷蔵庫の中はひと目で見渡せるように

見切り品も大いに利用

冷凍庫もほどほどの量をキープ

熱々・カリカリをいただきまーす！

ひと手間かけて見切り品も美味しく

バッグにおにぎりを忍ばせて

惚れ込んで買って、長く使い続ける

私だけの本棚もコンパクトな再利用品

インスタグラムでひとりニヤニヤ

お米の研ぎ汁を植物の栄養剤に

時にはパリのインテリアも真似してみる

いつの間にか身についた節約の工夫が
年金暮らしにも生かされています。

台所の小窓のカーテンが傷んだので新調することに。小さな窓ですが、いい風が入ってくるので風通しのいい天然素材のカーテンにしたいと思いました。そこでひらめいたのが麻素材の長めのキャミソール。涼しそう！　と買ってはみたものの、重ね着をするとやはり暑く感じて私には向いていませんでした。上質な麻生地にハサミを入れるのは勇気が要りましたが、裾部分はそのまま使ってポールを通すところだけ縫いました。思いのほか素敵なカーテンになりましたよ。

まずは手持ちの材料で作れるか考える

スーパーに行ったら、見切り品コーナーをチェック。生野菜は難しい場合もありますが、火を通す野菜は腕でカバーできる（笑）ので大丈夫。10%引きだといくら？　と計算するのも頭の体操になりますよね。近所に「coop（コープ）」のお店があった頃「見切り品ばっかり買ってごめんなさいね」と言ったら、レジの方が「買っていただいて助かります」と。そんな考え方もあるのかと目から鱗で、それからは大手を振って見切り品を買っていますよ。

自分もお店も助かる見切り品

カレーパンをオーブントースターで温めるときはアルミホイルをくしゃくしゃにして敷くといいそうですが、とにかく使い捨てが気になる性分で（ゴミ削減のためにも）。何か代わりのものはないかと思い出したのが、アルミのお弁当箱です。フライ等も同じように温めるのですが、カリッと熱々になって本当にでき立てのようになりますよ。それに娘が幼い頃に使っていたお弁当箱で温める作業がなんだか楽しくて。ますます美味しく感じるんですよね。

思い出も一緒に温めている!?

冷蔵庫はいつも割とスッキリ。徒歩5分ほどのスーパーへ行くのも運動にカウントしているため、2〜3日に1度は買い物へ。庫内がいっぱいになることは滅多にありません。調味料は多くを使いこなせないので、ポン酢や焼き肉のタレ、麺つゆなど限られたものだけです。残り物のお惣菜などはラップを使わず、ジップロックコンテナや蓋つき容器に入れ替えて保存しています。3個パックのお豆腐や納豆は冷蔵庫に入れる前にフィルムを剥がして並べるように。

詰め込みすぎないのは省エネにも一役

買い物から帰ったら、当日使う肉以外はトレイを外し、包んであったラップで包み直してからフリーザーバッグに入れて冷凍保存します。お店のラップのままが抵抗のある方は、ラベルだけ取っておいて新しいラップで包んでも。品名（冷凍されると何だかわからなくなりますよね）や日付、グラム数がわかるので便利なんです。フリーザーバッグは使い終わったらさっと水洗いして乾かして何度か使います。ごはんも残ったら炊飯器での保温はせず、ジップロックコンテナで冷凍します。

ラベルつきで保存するのが私流

朝食は主に食パンですが、スーパーで袋入りのカレーパンに10%引きのシールが貼ってあったらラッキー！　迷わず買って、翌日の朝ごはんにします。焼き立てのカレーパンでなくても、ひと手間加えるとぐんと美味しくいただけるので、ご紹介しますね。まず袋から出したパンをキッチンペーパーにのせ、レンジで500W 20秒ほど（機種によって調節してください）温めます。それをさらにオーブントースターで焼くのです。うちでは子どもが使っていたアルミのお弁当箱をトレイ代わりにしていますよ。

残り物には福がある

おにぎりを公園のベンチで食べたら楽しそう！と、新宿御苑に出かける朝に思いついたのが始まりでした。その日、気に入った場所に腰かけて日本庭園を眺めながら頬張ったおにぎりは何ともわくわくする味でした。午後から娘とお茶する予定だから小さめに、などサイズも思いのままなのが手作りのよさですよね。女性がひとりポツンとおにぎりを食べてるなんて寂しそう……と心配な方。大丈夫です。皆さん結構、羨ましそうに見ていかれました（笑）。

思いつきが思いのほか、わくわくに

小説は図書館を利用することが多いのですが、好きな雰囲気の写真が載っているエッセイやインテリアの本は手元に置いておきたくて。そんなとっておきの数冊は、小さな自分専用の本棚に収めています。この本棚も御多分に洩れず再利用品で、外枠は次男がDIYしたテーブルの脚をカットし、ひっくり返して設置。中に長男が授業で作った本立てを入れたら本棚として使えちゃいました。表紙を見せてディスプレイにしている本や雑貨は、ときどき替えて楽しんでいます。

手元に置いて何度も開きたい本だけを

最近は無洗米を利用することが多いのですが、10%引きのお米に出会えば無洗米でなくても買います。そんなときの研ぎ汁は、勝手口の外にある植木鉢の水やりに使います。飲み終わった牛乳パックをすすいだ水も同様にするのですが、栄養があるそうで植物がすくすく育ちます。写真はチューリップの花後。残った葉から球根に栄養がいくそうなので、せっせと水やりをしているところです。

研ぎ汁だって立派な使いみちがある

大阪の家具店「TRUCK（トラック）」のソファを思い切って買ったのは9年前のこと。我が家はご隠居さん2人（夫と私）で座っている時間も長いせいか、最近は座面のふんわり感が失われてしまい……。お店に問い合わせて座クッションだけ新たに購入しました。お陰さまで新品同様の座り心地が復活し、このソファを選んで良かった！　と思いました。一生物と思い、ちょっと（いや、かなり）奮発して買いましたが大切に使い続ければ、結局はお得！　を実感した出来事でした。

高くても大切に使えば、ちゃんとお得

きっかけは当時2歳の孫でした。次男から孫が「BTS（ビーティーエス）」のJIMIN（ジミン）さん（さんをつけないと孫に叱られます。）が好きなのだと聞いて見てみたら……。モダンバレエをやっていたというJIMINさんのダンスが素晴らしくて！私もすっかりファンになってしまったのです。私の推し活はインスタグラムなどで画像や動画を見る、お金のかからないものですが、いつか日本でのライブに行きたいと密かに願っております。

いつかライブに！　密かな野望

素敵なものを見たら真似したくなります。パリのカフェか花屋さんだったと思うのですが、天井いっぱいのドライフラワーの画像を見て、我が家でもやってみました。花はすべて庭や散歩で摘んだものです。この場所はあまり風の影響を受けなさそうなので、気が向いたらもう少し奥まで花を増やしてもいいかなと考えています。ちなみに奥に写っているのは、デザインが気に入って買った冷蔵庫。使い始めて20年以上、今も大好きで大切にしています。

真似をするときも気軽に手に入るもので

小暮さんに聞いてみたい、あんなこと・こんなこと

本編では語り尽くせなかった、ちょっとしたあれこれを質問形式でご紹介します。

Q1 これから先、楽しみにしていること・ものは？

孫の成長も楽しみですが、やはり旅行でしょうか。体力のあるうちにまた海外にも行きたいです。

Q2 体・心が不調のときの過ごし方は？

体の不調のときは、とにかく寝ます。有難いことに心の不調はほとんどないのですが、悩んだときはそのときの気持ちに沿った本を読みます。

Q3 70代に備えてしていることはありますか？

できるだけ歩くようにしたり、お掃除もエクササイズのひとつと考え、家の中でも小まめに動くようにしたりしています。それから、大きな家具等は動かせる体力があるうちにと、段階的に処分をしています。

Q4 親・夫・子ども・孫……家族とのかかわりで心がけていることは？

夫の両親と私の父は他界しており、兄夫婦と同居する93歳の母だけになりました。気が向いたら電話し、たまにお昼ごはんを調達して会いに行きます。母は元気で身のまわりのことを自分でやっていますが、兄夫婦のサポートがあればこそと感謝しています。

リタイアした夫はほぼ毎日家にいますが、リビングに並んで座っていてもお互いに気を遣うことなく過ごしています。空気のような存在ってまさしくこんな感じなのかな……。

子どもには、とにかく干渉しません。3人とも結婚したので、本人たちが選んだ相手と穏やかに暮らしてくれれば十分で、たまに会うのが丁度いいと思っています。それほど反抗された記憶もなく（子ども曰く、幼い頃は怖いママだったそうですが・笑）子育ての楽しい思い出がたくさんあるので、さっぱりと子離れできた気がします。お嫁さんたちやお婿さんとの関係も良好だと思います。

孫に関してはただかわいいという気持ちしかありませんが（笑）、ママとパパの子育て方針を尊重して接しています。滅多にありませんでしたが、子守を頼まれたときには私も楽しむことにしていました。こちらが笑顔でいると幼い子も不安にならないようで、たまに会うおばあちゃんにもなついてくれて嬉しかったです。

Q5 ストレス解消法は？

そもそもストレスはあまりないんですが（笑）お出かけしてウィンドウショッピングをしたり、公園や庭園をのんびり散策したりします。近場だったら、本屋さんか図書館に行きます。図書館は夜8時まで開いているので、夏になるとお夕飯の支度を終えてから出かけて、雑誌をパラパラ見たり、借りるには重い画集をゆっくり眺めたりします。

Q6 年齢を重ねて得たものは？

自分のために使える時間、失敗も含めたいろいろな経験。

Q7 ちょっと心配なこと、悩んでいることはありますか？

高齢の母のことは、やはり心配です。でも、父の介護など多少の経験を通して感じたのは、先まわりして不安を大きくしないこと。問題が起きたときに、その都度一番いい方法を見つけられたらと思います。

Q8 情報とのつき合い方は？

ニュースは新聞を毎日サラッと読みます。新刊情報や週刊誌の芸能ニュースも新聞広告で。お出かけ情報はインスタグラムや雑誌で知ることが多いです。

Q9 年齢を重ねることに不安があった時期はありますか？

40代のとき、目の調子が悪く眼科に行くと「飛蚊症で老化によるものです」と言われ、ガーン！ でもそのとき、これから自分はいろいろ衰えていくんだな……と覚悟ができました。

Q10 今、一番欲しいものは？

「有次」の銅のおろし金です。次に京都に旅したときお土産にしたいです。美味しい大根おろしが食べられそうだし、キッチンの壁に掛けておいてもきっとサマになりますよね。

Q11 好きな映画を5本選ぶとしたら？

「リトル・ダンサー」「マイ・ドッグ・スキップ」「ボヘミアン・ラプソディ」「グランド・ジャーニー」「ジョーカー」

40代の頃は「リトル・ダンサー」や「マイ・ドッグ・スキップ」のような子どもの成長を描いた映画を我が子に重ねて観ていました。他の3作はここ数年で鑑賞。「ボヘミアン・ラプソディ」はライブシーンに感激して何度も映画館に足を運びました。「グランド・ジャーニー」は渡り鳥をテーマにした映画で、映像が素晴らしく空を飛ぶ気分を擬似体験。コロナ禍で暗くなった気持ちを明るくしてくれました。そして「ジョーカー」は問題作ではありますが、ダンスシーンが強烈に印象に残っています。

Q12 会ってみたい憧れの人はいますか？

まずは「BTS」の皆さん（笑）。そして、もう帰らぬ人となってしまいましたが、ターシャ・テューダーさんです。アメリカ・バーモント州で広大な庭を美しく手入れされ、人生を楽しんだ素敵な方でした。バーモントに移り住み、庭づくりを始めたのが60歳と知ったときは、なんだか勇気が湧いたものです。小花柄のワンピーススタイルや雪の中での真っ赤なマント姿、裸足で庭を歩くところも好きでした。

Q13 人生のモットーにしていることはありますか？

自分の物差しで生きる、迷ったら楽しいほうを選ぶ。40歳で友達を病気で亡くしたとき、彼女の分まで人生を楽しもうと決めたからです。

Q14 お友達、ご近所さんとのおつき合いはどうしてる？

おばあちゃんになっても茶飲み友達でいようねと言っていた高校時代の友人を40歳で亡くしたこともあって、友達は少ないです。友達とはたまに連絡を取り合って年に2〜3度ランチして、おしゃべりしまくる！ のが楽しみです。ご近所さんには恵まれていて、いい方ばかりで有難いです。旅行時に庭の水やりをお願いしたとき、お土産をお渡しするぐらいの気楽なおつき合いで助かっています。

Q15 都内近郊で眺めが好きな場所はありますか？

代官山の旧朝倉家住宅は、お庭が素晴らしくて特に紅葉の頃がお勧めです。60歳以上は無料で見学できますよ。表参道の街路樹も新緑の頃に歩くと清々しくて好きです。

Q16 今までで一番高い買い物は何ですか？

大阪の「TRUCK（トラック）」のソファです。20年以上前から雑誌で見て憧れていて、9年前に東京・代官山の蔦屋書店で展示会があったときにパートで貯めたお金でエイッと買いました。ずっと大切に使い続けたい大好きな家具です。

Q17 お出かけのバッグの中身は？

財布、化粧ポーチ（リップ・パウダー・口紅）、水筒、ハンカチ、ティッシュ、エコバッグ、スマホ。

小暮涼子 Ryoko Kogure

子ども3人を育て上げ、
リタイアした夫とふたり暮らし。
雑貨や道具、おしゃれが好き。
雑誌「ナチュリラ」の取材を機に、
Webマガジン「暮らしとおしゃれの編集室」にて
連載「60代の大人暮らし」をスタート。
(https://kurashi-to-oshare.jp/60otonagurashi/)
その連載をベースにまとめ、初の著書となる本書を上梓。
何げない日常をつづった
インスタグラム(@ryoko_kogu)も人気。

staff

写真と文　小暮涼子
アートディレクション・デザイン　天野美保子
校正　滄流社
企画・構成・編集　大塚美夏

60代大人暮らしの衣食住

著者　小暮涼子
編集人　森 水穂
発行人　倉次辰男
発行所　株式会社 主婦と生活社
〒104-8357
東京都中央区京橋3-5-7
TEL 03-3563-5191(編集部)
TEL 03-3563-5121(販売部)
TEL 03-3563-5125(生産部)
https://www.shufu.co.jp.
製版所　東京カラーフォト・プロセス株式会社
印刷所　大日本印刷株式会社
製本所　小泉製本株式会社
ISBN978-4-391-15973-8